Generis
PUBLISHING

Investissements directs étrangers entrants en Côte d'Ivoire. Les effets sur la croissance économique

Guéby Joseph DAGO
Habib GNEZELE

Title: **Investissements directs étrangers entrants en Côte d'Ivoire. Les effets sur la croissance économique**

ISBN: 979-8-89248-407-7

Author: Guéby Joseph DAGO, Habib GNEZELE

Cover image: https://pixabay.com/

Publisher: Generis Publishing
Online orders: www.generis-publishing.com
Contact email: info@generis-publishing.com

Dédicace

A mon épouse Marie-Claire DAGO

A mes rejetons

Emmanuel Manassé DAGO,

Ephraïm DAGO,

Israël-Elie DAGO

Remerciements

Pour la réalisation de cet ouvrage sur ***Les effets des Investissements Directs Etrangers sur la croissance économique en Côte d'Ivoire***, mes remerciements vont Monsieur Habib A GNEZELE pour sa fructueuse collaboration.

La parution de ce livre, me permet d'être reconnaissant à ma très chère, tendre épouse et amie Marie-Claire DAGO, ainsi qu'à mes rejetons (Emmanuel Manassé, Ephraïm et Israël-Elie). Car ceux-ci ont accepté des nuits blanches (sans leur père et époux auprès d'eux) pour la rédaction de bouquin.

Table des matières

LISTE DE TABLEAUX

LISTE DE GRAPHIQUES

INTRODUCTION GENERALE

Selon la (Banque Mondiale, 2018, p. 31), la Côte d'Ivoire, depuis 2012, connait un succès économique remarquable, illustré par une croissance rapide du PIB qui a commencé à faire reculer la pauvreté, passant de 51 à 46,3% entre 2011 et 2015 et, par extrapolation, jusqu'à environ 44,5% en 2017. Ce succès économique marqué par une croissance moyenne d'environ 9% du PIB par an (FMI, 2018, p. 5), positionne le pays au rang de 2ème en Afrique en 2018 (Banque Mondiale, 2018, p. 16). Parallèlement à cette hausse, depuis la période 2011-2017, les flux d'Investissements Directs Etrangers, ont fortement progressé d'environ 179 milliards de FCFA en 2011, pour atteindre un niveau record de près de 400 milliards de FCFA en 2017 (Banque Mondiale, 2019).

Au regard de ces performances économiques, il est donc légitime de s'intéresser à la relation entre Investissements Directs Etrangers (IDE) et croissance économique en Côte d'Ivoire. Cette question est très préoccupante pour une économie ivoirienne sortant de près de dix années d'instabilité socio-politique. En effet, les IDE sont très souvent encouragé dans les pays en développement, parce que ce sont des ressources stables qui ne génèrent pas de remboursement. Ils favorisent le transfert de technologie, la création d'emploi et l'ouverture sur les marchés internationaux (CEPICI, 2015). Ces pays rivalisent donc afin de proposer l'environnement juridique (code des investissements, 2012), les politiques économiques et les conditions de productions les plus attractifs.

Par ailleurs, la revue de littérature relative à la question IDE et croissance économique aboutit à des conclusions mitigées. Ainsi, Plusieurs spécialistes tels que, Esso (2005), Gnidokponou et al (2010), Thaalbi (2013), Gui-Diby (2014) et Dago (2017) trouvent que les IDE ont un impact positif sur la croissance économique, par contre d'autres comme Razin et al. (2001), Dembélé (2008), Mansouri (2009), Kafando (2011) et Caningan (2012) concluent une absence de causalité des IDE vers la croissance économique.

En se référant aux études existantes, on constate que pour la Côte d'Ivoire, notre réflexion vient contribuer à l'avancement des travaux de recherche.

Cette étude s'interroge principalement sur la relation de causalité entre l'IDE et la croissance économique en Côte d'Ivoire. En effet, la croissance soutenue du PIB et l'augmentation des flux d'investissement conduisent à se poser la question principale suivante: **Est-ce que les IDE contribuent à stimuler la croissance économique en Côte d'Ivoire?**

Notre objectif principal est de montrer que les politiques d'attractivités des IDE peuvent être un élément moteur à la croissance économique à partir du moment où la Côte d'Ivoire possède des ressources humaines qui conditionnent l'assimilation du savoir-faire, dispose de bonnes politiques d'ouverture économique et investit dans les infrastructures. L'idée est que la Côte d'Ivoire concentre ses efforts sur l'amélioration des politiques d'attraction des IDE afin d'établir un environnement plus favorable à son développement. De cet objectif principal, découlent les objectifs secondaires suivants:

- analyser l'effet des IDE sur la croissance économique en Côte d'Ivoire;
- analyser l'effet des politiques économiques (l'ouverture économique, formation brute de capital fixe et le capital humain) sur la croissance économique en Côte d'Ivoire.

Pour pouvoir répondre à notre problématique, nous allons tester les hypothèses suivantes:

- (H_1): l'IDE exerce une influence positive sur la croissance économique;
- (H_2): les politiques économiques (l'ouverture économique, formation brute de capital fixe et le capital humain) influencent la croissance économique en Côte d'Ivoire.

La méthodologie de cette étude comporte deux parties. La première partie représente le cadre théorique de ce travail de recherche. Elle est consacrée à la définition des concepts étudiés, à la présentation du contexte de recherche et de notre problématique. La seconde partie représente le cœur de cette étude. Elle est focalisée sur la présentation du cas étudié, sur la méthodologie suivie, sur l'exploration empirique et sur les résultats de notre recherche.

Les données collectées sont secondaires et sont tirés de la base de données de la banque mondiale: World Development Indicators (WDI) 2019. Les données disponibles sont exprimées en séries chronologique couvrant la période 1975-2017.

L'étude est basée sur différents travaux des IDE en Afrique, les notes de conjoncture sur l'économie ivoirienne, les différents rapports et articles du lien entre IDE et croissance économique. Il y a aussi le livre de référence sur *L'investissement direct étranger en Côte d'Ivoire: Economie Politique et changement institutionnel* (DAGO, 2012).

Nous avons choisi un modèle économétrique qui met en relation le PIB avec comme variables explicatives l'IDE, l'ouverture économique, la formation brute de capital fixe et le capital humain (en pourcentage du PIB). L'on notera que nous nous sommes servis du logiciel Eviews 10 pour l'étude de la stationnarité des séries et les estimations.

L'ouvrage est structuré en deux parties de deux chapitres chacun. La première partie présente la revue analytique et un aperçu du lien entre les investissements directs étrangers et la croissance économique en Côte d'Ivoire. La deuxième partie s'attarde sur la vérification empirique d'un éventuel impact des IDE sur la croissance économique en Côte d'Ivoire.

Dans la première partie, le chapitre 1 fait un survol de l'analyse critique de la littérature économique des théories existantes sur la relation entre la croissance économique et les flux de capitaux étrangers. Le chapitre 2 examine la structure et la tendance récente des flux desdits capitaux et de sa contribution à la croissance économique en Côte d'Ivoire.

Quant à la deuxième partie, le chapitre 3 met l'accent sur l'estimation empirique du lien entre les IDE et la croissance économique en Côte d'Ivoire. En effet, cela consiste à spécifier le modèle, à décrire la source des données et à exposer sur l'approche méthodologique. Enfin le chapitre 4 présente les résultats et interprétations des tests économétriques.

PARTIE 1

-

IDE ET CROISSANCE ECONOMIQUE

Introduction de la première partie

De nombreux travaux se sont intéressés à la relation entre IDE et croissance économique. Les conclusions de ces contributions sont aussi diverses que mitigées donnant toujours l'occasion d'un approfondissement de ces réflexions. Cette partie de notre travail, en faisant une synthèse des travaux portant sur les IDE et la croissance économique, s'articulera autour des points suivants: la revue de la littérature théorique et empirique, l'examen de la structure et la tendance récente des flux des IDE et de sa contribution à la croissance économique en Côte d'Ivoire.

Chapitre 1. Revue de littérature

Ce chapitre expose dans un premier temps, les développements théoriques sur la relation entre la croissance économique et les flux de capitaux étrangers. Et dans un second temps, un aperçu sur les travaux de validation empirique est présenté.

1. Cadre théorique

Dans cette section, il est question de fixer les vues sur certains concepts et de projeter de la lumière sur les questions de base soulevées dans l'analyse théorique de la relation entre IDE et croissance économique.

1.1. Notion de croissance économique

La croissance économique est considérée par certains comme l'un des phénomènes les plus passionnants de la macroéconomie parce que tous les pays aspirent au bien-être et que ce dernier n'est pas envisageable sans la croissance. Puisque l'Etat vise à réaliser le bien-être collectif, les décideurs se doivent de prendre des mesures favorables à la croissance économique. C'est ainsi que depuis longtemps, dans ce foisonnement théorique, certains auteurs et institutions redécouvrent le rôle moteur que peuvent jouer les Investissements Directs Etrangers dans le processus de la croissance économique (Mokime, 2012, p. 3).

1.1.1. Définition de la croissance économique

Au sens strict, la croissance décrit un processus d'accroissement de la seule production économique. Elle ne renvoie donc pas directement à l'ensemble des mutations économiques et sociales propres à une économie en développement. Ces transformations au sens large sont, conventionnellement, désignées par le terme de développement économique.

La croissance économique est l'accroissement durable de la production globale d'une économie. C'est donc un phénomène quantitatif que l'on peut mesurer. La littérature économique associe généralement la croissance économique à l'augmentation continue d'un agrégat (revenu réel ou PIB). Le PIB est la somme de la valeur ajoutée brute de tous les producteurs résidents d'une économie plus toutes taxes sur les produits et moins les subventions non incluses dans la valeur des produits (Banque Mondiale, 2019).

Perroux (1961) définit ainsi la croissance économique comme l'augmentation soutenue de cet agrégat (le PIB) pendant une ou plusieurs périodes longues. Ceci revient à dire que la croissance économique n'est pas un fait du hasard mais plutôt une œuvre soutenue et qu'elle se traduit par un accroissement continu du produit réel de toute l'économie.

La croissance peut provenir de l'augmentation quantitative du facteur travail et du facteur capital (croissance extensive) ou de l'augmentation de la productivité (croissance intensive).

1.1.2. L'analyse néoclassique de la croissance

Les économistes Solow (1956) et Swan (1956) se sont proposés de mettre en évidence les déterminants de la croissance économique et de caractériser son comportement dans le long terme. Il se dégage de leurs analyses que les principaux déterminants de la croissance sont le progrès technique, l'accumulation du capital et le travail. Dans le long terme, compte tenu de l'hypothèse de la décroissance de la productivité marginale des facteurs capital et travail, le modèle de Solow établit que seul le progrès technique expliquerait un rythme soutenu d'accroissement du revenu par habitant.

Mankiw – Romer – Weil (1992) se sont proposés d'intégrer dans le modèle de, l'évolution de la qualité de la main-d'œuvre afin de mieux rendre compte du déroulement de la croissance économique. Ceci se justifie par le fait qu'on peut accroître le capital humain en investissant dans le système éducatif, dans le système de santé, etc. Leur analyse part de la thèse selon laquelle l'accumulation du capital physique ne suffit pas (dans le modèle de Solow) pour expliquer la disparité des performances économiques.

1.1.3. La théorie de la croissance endogène

Le modèle de Solow établit que dans le long terme, seul le progrès technique explique l'enrichissement des nations sans dire clairement d'où pourrait-il provenir. Le rôle des théoriciens de la croissance endogène a donc été de chercher les ressorts de l'économie qui lui permettent de croître durablement.

Le premier modèle de croissance endogène a été édité par Romer en 1986 et se fonde sur l'idée qu'à mesure que les individus travaillent ou produisent des biens, ils améliorent à coup sûr leurs productivités et découvrent des façons d'améliorer le processus de production. Ainsi, l'accumulation de connaissances est un coproduit involontaire de l'activité économique elle-même.

1.2. Notion d'Investissements Directs Etrangers

L'IDE constitue un élément principal dans le processus de développement et de la croissance économiques de tout pays, son rapport avec la dynamique économique est tellement important qu'il conditionne l'amélioration de la croissance et la compétitivité économiques. Tout fois, pour mieux cerner son importance, l'analyse de la littérature économique est nécessaire.

1.2.1. Définition de l'IDE

Nombreux sont les auteurs et organismes spécialisés qui ont essayé de définir l'IDE dans le temps et dans l'espace. Nous en citerons quelques définitions qui nous permettront de cerner davantage cette notion.

Dans son livre intitulé « l'investissement direct étrangers, Economie politique et changement institutionnel », Dago (2012, p. 17), définit l''investissement direct étranger comme l'installation d'une partie de la production d'une firme à l'étranger ou bien une prise de participation dans une firme situé à l'étranger.

Selon Esso (2005, p. 1), L'investissement direct étranger désigne l'opération effectuée par un investisseur non-résident afin d'acquérir ou d'accroître un intérêt durable dans une entité résidente et de détenir une influence dans sa gestion. Il précède généralement l'investissement de portefeuille et accélère le développement des marchés financiers locaux. Il met en relation une entreprise "investisseur direct" (maison mère) et une entreprise investie, qu'il s'agisse d'une filiale ou d'une succursale. Il est considéré comme le capital investi par des entreprises étrangères dans des installations de production ou autres biens corporels.

Selon l'OCDE (2008), l'IDE est une activité par laquelle un investisseur résident dans un pays obtient un intérêt et une influence significative dans la gestion d'une entité dans un autre pays. Cette opération peut consister à créer une entreprise entièrement nouvelle (investissement de création) ou, plus généralement, à modifier le statut de propriété des entreprises existantes (par le biais de fusions et d'acquisitions).

Et selon la définition donnée par le FMI (2009) « l'investissement direct étranger est effectué dans le but d'acquérir un intérêt durable dans une entreprise exerçant ses activités sur le territoire d'une économie autre que celle de l'investissement, le but de ce dernier étant d'avoir un pouvoir effectif dans la gestion».

L'IDE se traduit par un transfert de fonds financiers, mais aussi en général par un transfert de technologie et de capital humain (par l'intermédiaire des personnels expatriés s'impliquant dans la production à l'étranger).

L'IDE est à l'origine de la création des firmes multinationales ou sociétés transnationales. Une fois créé un réseau de filiales à l'étranger, l'activité de la firme multinationale ne se réduit cependant pas aux seuls IDE. Progressivement, la firme internationale va organiser au niveau international ses activités de conception, de production et de commercialisation de ses produits. Les relations entre les filiales étrangères et la maison-mère donnent alors lieu à un commerce international intra-firme de biens et de services, qui ne relève pas des IDE.

Les investissements directs étrangers peuvent s'effectuer sous forme d'investissements directs ou sous forme d'investissements de portefeuille. On considère qu'un investissement étranger est un investissement direct si l'investisseur étranger possède 10% ou plus des actions ordinaires ou de droits de vote dans une entreprise. Bien qu'arbitraire, ce critère a été retenu car on estime qu'une telle participation est un investissement à long terme qui permet à son propriétaire d'exercer une influence sur les décisions de gestion de l'entreprise.

En revanche, un investissement étranger qui est inférieur à 10% sera comptabilisé comme un investissement de portefeuille. On considère que les investisseurs de portefeuille n'exercent aucune influence sur la gestion d'une société dont ils possèdent des actions. Les investissements en portefeuille désignent l'ensemble des dépôts bancaires et des placements financiers sous forme de titres publics ou privés.

1.2.1.1. Typologie d'IDE

L'IDE peut prendre les formes suivantes (OCDE, 2008):

- **L'IDE selon la forme**

L'OCDE reprend fréquemment dans ses analyses une distinction selon la forme des IDE.

- IDE de création: il se matérialise par la création d'une filiale nouvelle avec l'installation de nouveaux moyens de production et de recrutement de nouveaux employés;
- IDE d'extension: il se caractérise par l'accroissement de capacités de production des filiales déjà installées part apport de capital;
- IDE de restructuration financière: cet IDE se réalise par l'injection de fonds pour apporter un soutien financier à une filiale en difficulté;
- IDE de fussions – acquisition: cet IDE se matérialise par un transfert de propriété des titres de la filiale objet d'acquisition.

➢ **L'IDE selon la logique de création des filiales à l'étranger**

Markusen (1995) introduit une typologie des IDE fondée sur la logique qui sous-tend la décision de créer des filiales à l'étranger. Il distingue:

- l'IDE horizontal, qui consiste à créer des filiales produisant des biens identiques. Il vise à faciliter l'accès de l'investisseur à un marché étranger dans l'espoir de développements futurs;
- l'IDE vertical, par lequel l'investisseur fragmente les différentes étapes de conception, de production et de commercialisation des produits en implantant dans des pays différents des filiales produisant des biens finis ou semi-finis différents. Il s'agit pour l'investisseur de tirer parti des différences de coût des facteurs de production entre pays. Dans ce cas, l'activité à l'étranger complète l'activité de la maison mère.

1.2.1.2. L'approche théorique des IDE

Une première tentative a été effectuée par Dunning (1977) qui fait la synthèse des incitations à l'implantation des IDE dans sa théorie éclectique en formulant le paradigme des avantages OLI. Cette théorie stipule qu'il faut qu'une firme dispose en même temps de trois avantages pour qu'elle se décide à investir à l'étranger:

- le premier (avantage spécifique ou ownership advantage en anglais). Il s'agit soit de l'exclusivité d'un actif soit d'une stratégie de production propre à une firme. Les avantages de possession sont spécifiques à la firme et sont reliés directement à ses caractéristiques technologiques et managériales. Les firmes préservent ainsi le cadre d'exclusivité de la propriété intellectuelle de ses produits. Ces avantages permettent d'accorder à la firme une position de leader sur le marché. Ce qui lui permet d'écraser la concurrence interne et de surmonter les coûts d'installation et de localisation;

- le deuxième (avantage à la localisation). C'est l'ensemble des avantages qui permet à la firme de produire directement dans plusieurs pays, plutôt que d'exporter à partir du pays d'origine. Ces avantages ne se limitent pas seulement sur les apports en ressources naturelles, mais aussi sur plusieurs autres facteurs importants notamment économiques, sociaux et politiques, tels que la taille du marché, les infrastructures, le degré de développement, les institutions et le système politique et juridique en général;
- le troisième (avantage à l'internalisation). Toute firme aurait éventuellement intérêt à se localiser dans le pays hôte, plutôt qu'à exporter dans la mesure où il existe un avantage dans le processus de production ou dans la propriété d'un produit spécifique. De toute évidence, l'internalisation lui permet de maîtriser et d'exploiter directement le marché local. L'internalisation permet également d'éviter les coûts associés aux transactions entre sociétés indépendantes, coûts liés à la passation des contrats et à la garantie de la qualité. Elle assure un meilleur contrôle sur l'utilisation des technologies.

Selon Brainard (1993), des firmes multinationales de type horizontal apparaissent lorsque les avantages à s'implanter à proximité des consommateurs sont élevés relativement aux avantages liés à la concentration des activités. La firme préfère donc implanter plusieurs sites de production pour servir les marchés locaux si elle peut réaliser des économies d'échelle entre ces différents sites du fait de la présence d'actifs intangibles, si les coûts d'implantation sont relativement faibles, si les coûts de transport sont plutôt élevés et si la demande sur le marché d'accueil est forte.

Le modèle avec entreprises hétérogènes de Helpman, Melitz et Yeaple (2004) met en évidence que seules les entreprises les plus efficaces dans leur branche d'activité peuvent s'implanter à l'étranger. En effet, toutes les entreprises ne sont pas d'un même niveau d'efficacité dans une branche d'activité donnée: seules les plus efficaces exportent, et parmi celles-ci, seule une fraction d'entre elles, capable de supporter les coûts d'entrée, pourra s'implanter à l'étranger.

2. Approche empirique

L'analyse du lien entre les Investissements Directs Etrangers et la croissance économique a fait l'objet de plusieurs travaux empiriques parmi lesquels nous retenons les synthèses de certaines études pour déterminer le cadre d'analyse du modèle de croissance de la Côte d'Ivoire.

2.1. L'impact positif de l'IDE sur la croissance économique

L'IDE influence positivement la croissance du pays d'accueil en améliorant la productivité totale des facteurs, grâce au transfert de technologie accompagnant l'IDE. Romer (1993) souligne que l'IDE entrant peut faciliter les transferts de technologie et de savoir-faire en gestion dans le pays d'accueil, non seulement dans les filiales investies, mais aussi dans l'ensemble des entreprises du pays d'accueil par des phénomènes de diffusion.

Pour qu'un effet positif existe, il semble nécessaire qu'un certain nombre de conditions soient réunies. Ainsi, Borensztein, de Gregorio et Lee (1998) précisent que l'IDE entrant a un effet positif sur la croissance du pays d'accueil à condition que la population de ce dernier ait un niveau d'éducation suffisamment élevé pour pouvoir diffuser les transferts de technologie à l'ensemble de l'économie.

A partir des données issues de la Banque Mondiale, de la CNUCED et de Freedom House[1], Esso (2005) montre, à travers un modèle économétrique, que le niveau moyen de connaissances, le niveau du PIB par tête d'habitant, le degré d'ouverture, la dévaluation, les mesures incitatives à l'investissement, le taux d'épargne et le degré des libertés civiles et des droits politiques ont des effets significatifs sur les flux d'IDE entrants de la Côte d'Ivoire. Les IDE ont eu une influence significative positive sur la croissance économique de la Côte d'Ivoire sur la période 1970-2001.

Gnidokponou et al (2010) dans une étude effectuée sur les effets des IDE sur la croissance économique au Bénin, ont montré que les IDE contribuent positivement et de manière significative à la croissance économique avec une contribution évalué en termes d'élasticité à 0,023%.

Après avoir suivi une méthodologie bien spécifique (Thaalbi.I, 2013) confirme tout d'abord la contribution de l'investissement étranger dans le processus de croissance tunisien. Ensuite, la nécessité d'un potentiel de développement plus poussé et plus maîtrisé qui permette d'agir à la fois sur les décisions des investisseurs étrangers et sur l'efficacité des spillovers[2].

Gui-Diby (2014) étudie l'effet de l'IDE sur la croissance économique de 50 pays africains sur la période allant de 1980 à 2009. Il utilise la méthode des moments généralisés en système. L'auteur trouve que l'IDE a un effet significatif sur la

---

[1] Freedom House est une organisation non-gouvernementale financée par le gouvernement américain et basée à Washington, qui étudie l'étendue de la démocratie dans le monde.

[2] Spillovers ou effets d'entrainements sont des externalités de l'activité économique.

croissance économique en Afrique durant la période d'étude considérée. Plus spécifiquement, il trouve qu'un faible niveau de capital humain ne limite pas l'effet de l'IDE, et que si l'effet de l'IDE sur la croissance a été négatif sur la période 1980 à 1994, il apparaît positif de 1980 à 2009.

2.2. L'IDE impact négativement la croissance économique

Toutefois, les IDE peuvent engendrer un impact négatif sur la performance économique du pays hôte. En effet, les firmes qui entreprennent de tels investissements détiennent un pouvoir de marché et peuvent par conséquent, restreindre la concurrence et la performance économique. Selon, Razin et al. (2001), les IDE peuvent générer une allocation inefficace des ressources à cause des distorsions liées aux interventions du gouvernement du pays hôte, sous forme de contrôle de prix.

De même, l'arrivée des flux d'IDE dans un pays ne se traduit toujours pas pour les entreprises locales par des retombées favorables liées au savoir-faire. Elles peuvent au contraire subir une baisse drastique de la productivité. Cette baisse résulte des départs de marché Ghura et al. (2000).

Dembélé (2008) à l'aide d'un test de causalité au sens de Granger, a déduit que les informations antérieures sur le niveau des IDE, ne permettent pas une meilleure prévision du niveau de la croissance économique en Côte d'Ivoire.

Mansouri (2009), dans une étude effectuée sur les effets des IDE et de l'ouverture commerciale sur la croissance économique au Maroc, constatent que ni les IDE ni l'ouverture commerciale, en tant que variables prises séparément, ne se sont avérées statistiquement significatives dans le modèle estimé.

Kafando (2011) a montré une absence de causalité des IDE vers la croissance économique et ce, malgré la prise en compte du contexte politique et des mesures économiques (PAS, stabilité politique, dévaluation du FCFA et leurs effets combinés) au Burkina Fasso.

Caningan (2012) a révélé dans une étude portée sur les investissements directs étrangers et développement durable: Cas de la côte d'Ivoire, une l'absence de causalité entre le PIB et les IDE. Selon l'auteur cette absences de causalité se traduit par une faible, certes positive, dépendance entre ces deux variables.

Chapitre 2. IDE et croissance économique en Côte d'Ivoire

Après le rappel sur l'analyse littéraire des investissements directs étrangers et de la croissance économique, cette partie examine la structure et la tendance récente des flux desdits capitaux et de sa contribution à la croissance économique en Côte d'Ivoire.

1. Evolution des IDE entrantes de 1975 à 2017

Dans le but de pourvoir mieux expliquer, l'évolution des flux d'IDE entrants de 1975 à 2017, nous faisons ressortir trois grandes périodes.

1.1. De 1975 à 1990: Tendance à la baisse des IDE

Pendant les années 70, la Côte d'Ivoire attire d'importants flux d'IDE. En effet, Cette période correspond aux heures de gloire de l'économie ivoirienne; c'est le « miracle ivoirien » avec des taux de croissance de près 12%. Ainsi, on observe un taux élevé d'IDE de 1,77% qui va légèrement baisser jusqu'en 1977 à 0,23%. Mais à partir de 1978, le stock d'IDE augmente et oscille entre 1,05% en 1978 et 0,93% en 1980 (OCDE, 1999, p. 9).

Les flux d'IDE ont relativement baissé par rapport à la période 1960-1980. Cette baisse est due en partie aux désavantages macro-économiques du pays que sont la chute des prix de base (café, cacao, etc.), la surévaluation du taux de change (Dago.G.J, 2012, p. 135). Ce qui se traduit par une dépression d'autant plus grave qu'à la faveur du miracle ivoirien (endettement excessif, difficulté budgétaire, détérioration du solde commercial, etc.) entraînant un repli des investisseurs étrangers. Mais ce handicap n'atténue pas l'entrée d'IDE qui se conforte jusqu'à atteindre, en 1987, un taux de 0,86%. Toute fois avec des dommages persistants, l'IDE va chuter de façon continue atteignant un taux de 0,18% en 1989.

Graphique 1: Evolution des flux d'IDE entrants en Côte d'Ivoire: 1975-1990 (en pourcentage du PIB)

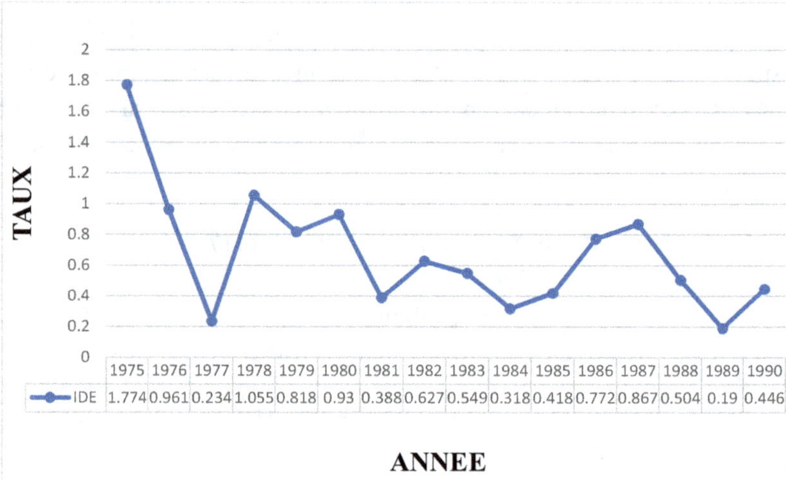

Source: Auteurs, à partir des données de la banque mondiale / World Development Indicators (WDI) 2019.

1.2. De 1990 à 2010: Reprise des capitaux étrangers

A partir de 1994, à la faveur de la dévaluation du FCFA intervenue en janvier 1994, l'économie ivoirienne montre les signes d'une reprise de l'activité économique (OED, 1998, p. 1). Le retour de la croissance, de l'aide internationale, la volonté du gouvernement de créer un cadre plus incitatif aux investisseurs étrangers (l'adoption d'un nouveau code des investissements en 1995) a permis d'accroître l'entrée des IDE. On enregistre ainsi des chiffres d'IDE beaucoup plus élevés que les périodes précédentes: Ces flux ont atteint un taux record de 3,54% en 1997.

Malheureusement, cette tendance va s'interrompre et décroître, à partir de 1998. Le coup de force militaire de décembre 1999 et l'instabilité politique qui en résulte, entrainent à nouveau, le pays dans une dépression et le taux de croissance en 2000 est négatif: -2,3%. La crise politico-militaire qui éclate en 2002 aggrave encore la situation.

On assiste alors à un ralentissement des IDE qui passe de 3,54% en 1997 à 1,08% en 2003. La signature des accords de Ouagadougou entraine une relative reprise économique à partir de 2007 et le retour de la confiance à la destination Côte d'Ivoire.

En 2010, le flux d'IDE en direction du pays est estimé à un taux 1,43 en pourcentage du PIB.

Graphique 2: Evolution des flux d'IDE entrants en Côte d'Ivoire: 1990-2010 (en pourcentage du PIB)

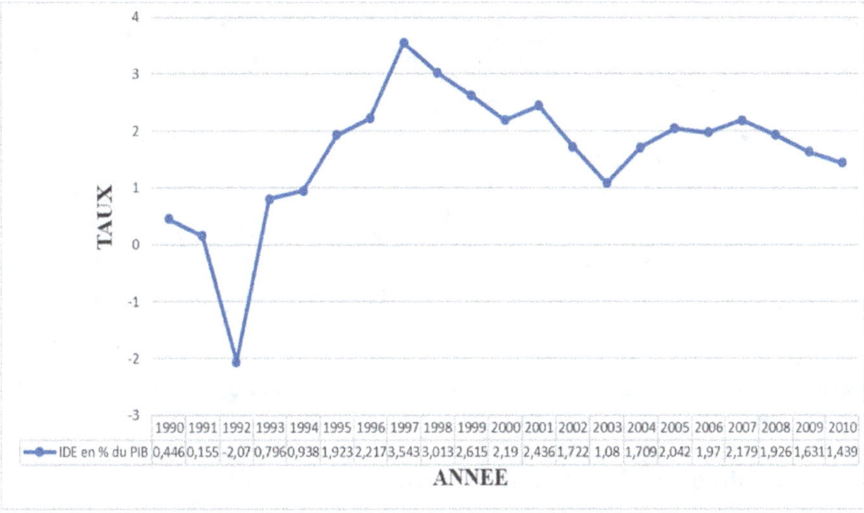

Source: Auteur, à partir des données de la banque mondiale / World Development Indicators (WDI) 2019.

1.3. De 2010 à 2017: Stabilité de l'augmentation des IDE

Depuis 2013, le Gouvernement ivoirien s'est engagé dans un processus d'amélioration constant du climat des affaires en prenant comme référentiel l'indice Doing Business du groupe de la Banque mondiale relatif à la facilité de faire des affaires. Dans l'édition 2017 dudit rapport, la Côte d'Ivoire maintient sa position à la 142ème place mondiale. Au niveau du continent, elle est classée 21ème parmi 53 pays Africains.

Ainsi, le niveau des IDE vers la Côte d'Ivoire est resté stable depuis 2014. Toutefois, ils avaient souffert d'une importante décroissance en 2011 à cause de l'instabilité politique. Les IDE en pourcentage du PIB sont passés de 1,18% en 2011 à 1,24% en 2015. Ensuite à partir de 2015, on observe une croissance des flux d'IDE passant de 1,24% en 2015 à 1,8% en 2017.

Graphique 3: Evolution des flux d'IDE entrants en Côte d'Ivoire: 2010-2017(en pourcentage du PIB)

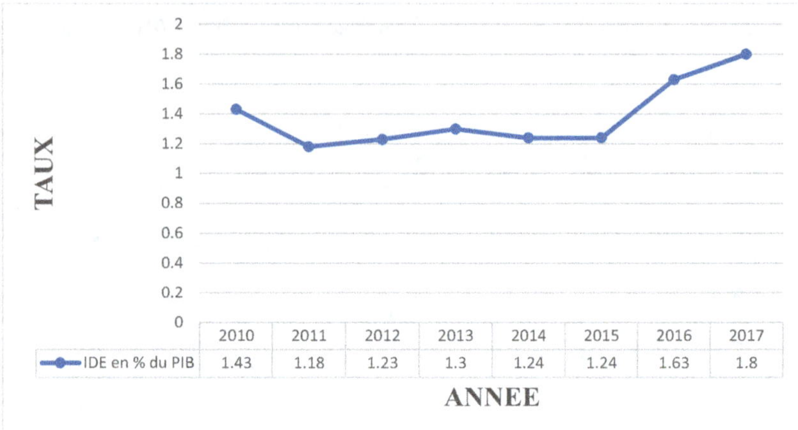

Source: Auteurs à partir des données de la banque mondiale / World Development Indicators (WDI) 2019.

2. Politiques d'attractivité des IDE

Deuxième économie d'Afrique subsaharienne au classement de la BAD 2017 (Agence.Ecofin, 2017), la Côte d'Ivoire reste une destination privilégiée pour les investisseurs étrangers dans la région. Le pays bénéficie de ressources minières et agricoles diversifiées et d'un réseau d'infrastructures en cours de modernisation. Depuis 2011, les autorités ont cherché à faciliter l'entrée d'IDE grâce à un nouveau code des investissements. Le nouveau code prévoit des avantages fiscaux et des procédures administratives facilitées. En plus de cela des réformes majeures et des mesures ont été mise en place, ce qui a considérablement amélioré le climat des affaires.

2.1. L'introduction d'un nouveau code des investissements

Afin de susciter et d'orienter l'initiative privée vers les secteurs productifs, la Côte d'Ivoire a mis en place un régime d'investissements privés particulièrement incitatif, reposant pour l'essentiel sur le code des investissements mis en place à partir de 1959. Ce code a été modifié pour une première fois en 1984 ensuite en 1995.

Dans les objectifs de favoriser et de promouvoir les investissements productifs, les investissements verts et socialement responsables en Côte d'Ivoire, d'encourager la création et le développement des activités, la Côte d'Ivoire a adopté un nouveau code des investissements à travers l'ordonnance n° 2012 – 487 du 07 juin 2012 portant code des investissements. Ensuite ce code sera abrogé par l'ordonnance N° 2018-646 du 1er août 2018 portant Code des investissements.

Mais vu le contexte de notre étude, nous nous attarderons sur celui de 2012. Ce code propose diverses incitations, notamment des réductions d'impôt et, dans certains cas, une exemption des taxes sur la valeur ajoutée. Le gouvernement octroie par exemple une indemnité d'exportation aux industries de transformation du cacao et du café qui exportent des produits finis et offrait, en 2016, une prime d'environ 39 000 FCFA pour chaque kilo de noix de cajou traitées exporté. Des mesures spéciales ont également été annoncées, dans les secteurs des infrastructures et du tourisme entre autres. En retour, le gouvernement attend des investisseurs qu'ils effectuent des transferts de technologie et créent des emplois locaux.

De plus, selon l'endroit où ils s'établissent, les investisseurs peuvent bénéficier de taux d'imposition spéciaux durant huit à quinze ans. Les entreprises situées dans les zones industrielles entourant Abidjan, par exemple, bénéficient d'une réduction de 50 % sur leurs factures d'eau et d'énergie.

Le gouvernement ivoirien ne travaille pas uniquement à l'attribution d'incitants financiers, il s'est également fixé des objectifs ambitieux en vue d'améliorer le climat d'investissement. Ceux-ci comprennent la protection de la propriété et le rapatriement des bénéfices, mais aussi les procédures de création d'entreprises, l'infrastructure et la qualification de la main-d'œuvre.

46 nouvelles réformes ont été annoncées en 2016, y compris la simplification des procédures de création d'entreprise, d'obtention du permis de construire ou de paiement des taxes (ACE, 2017, p. 25).

2.2. Les autres mesures mises en place par le gouvernement

Le gouvernement ivoirien a mis en place un certain nombre de mesures pour promouvoir l'investissement étranger (CEPICI, 2016):

- **La mise en place d'un guichet unique pour la création d'entreprises.**

Le guichet unique a pour mission d'accompagner à la place de l'investisseur, les formalités répétitives et fastidieuses qu'impose la vie en entreprise. Ces formalités qui rythment la vie de l'entreprise concernent pour l'essentiel (sa constitution, son implantation, la modification de ses statuts et le cas échéant, sa dissolution.) Toutes les procédures se font en ligne sur www.guce.gouv.ci

- **La création d'entreprises en 24h à seulement 15 000 FCFA**

Le Guichet Unique des Formalités d'Entreprises (GUFE) du CEPICI permet de créer des entreprises en 24h, à moindres coûts. Désormais, les statuts pour les entreprises de type SARL, SNC, SCS sont établis par actes sous seing privé. Les opérateurs disposent de modèles types gratuits de statuts sous seing privé sur le site web du CEPICI. Il leur suffit de les remplir et de les faire signer par les parties.

- **L'obtention du permis de construire en 26 jours**

Le Guichet Unique du Permis de Construire (GUPC) a été inauguré le 29 Avril 2016. Il simplifie et accélère les procédures d'obtention du Permis de Construire. Le GUPC délivre le permis de construire dans un délai de 26 jours maximum en toute transparence. Les pièces à fournir pour sa délivrance sont disponibles sur le site du Ministère de la Construction. www.ministere-construction.ci/gupc

- **Le paiement des impôts et taxes**

La Côte d'Ivoire a facilité et simplifié le paiement des impôts et taxes à travers l'institution d'un formulaire unique de déclaration et de paiement des impôts et taxes. Elle a également facilité, accéléré et simplifié le mécanisme de remboursement des crédits de TVA par la mise en place d'un dispositif transparent qui assure dans un temps record le paiement effectif des crédits de TVA.

- **La protection des investisseurs.**

La Côte d'Ivoire a facilité la protection des investisseurs minoritaires et le règlement de l'insolvabilité. En cas de fraude, les actionnaires minoritaires peuvent désormais contester et faire annuler les transactions qui ne sont pas justes et équitables, présentant un conflit d'intérêt.

- **Un programme de grands travaux au niveau des infrastructures de transport,** avec notamment la privatisation de la ligne de chemin de fer Abidjan - Ouagadougou, et l'extension du port d'Abidjan.
- **Un plan national de développement** a été élaboré pour la période 2016-2020 qui vise à faire de l'investissement privé un moteur de la croissance économique du pays. Afin de faciliter les affaires, un programme de dématérialisation des

services et actes administratifs a été mis en place. Des mesures d'allègement fiscal ont également vu le jour.

- Enfin, en 2017, le pays a mis en place des réformes politiques majeures, telles que **l'adoption d'une nouvelle Constitution et la création d'un Sénat**, ce qui a considérablement amélioré l'environnement des affaires.

2.3. Forces et faiblesses des politiques d'attraction des IDE en Côte d'Ivoire

Parmi les forces des politiques d'attraction d'IDE en Côte d'Ivoire figurent:

- le libéralisme économique prôné par les gouvernements ivoiriens depuis 1960;
- l'existence d'un organisme chargé de la mise œuvre de programme d'attraction et de promotion d'IDE en Côte d'Ivoire, nommé CEPICI;
- la mise en place d'un nouveau code des investissements, plus adapter aux exigences des investisseurs étrangers.

Ces faiblesses se présentent comme suit:

- les crises politico-militaires qui ont secoué le pays (coup d'état de 1999, Rébellion de 2002 et la crise postélectorale de 2011);
- la faiblesse en matière de données statistiques (type d'IDE, répartition spatiale, répartition sectorielle, etc.): cette faiblesse ne permet pas d'avoir une meilleure visibilité des IDE et orientation des décideurs.

3. Les origines et répartition des IDE entrants en Côte d'Ivoire

Il faut noter que la Côte d'Ivoire fait figure de premier bénéficiaire de capitaux étrangers au sein de l'UEMOA avec 25,8% des investissements alors qu'au niveau de la CEDEAO, le pays ne représente que 5% des IDE, le Nigeria et le Ghana étant les principales destinations (CNUCED, 2018).

D'après la BCEAO (2017), les principaux secteurs d'activités, bénéficiaires nets, des entrées de fonds sont l'industrie extractive, avec 39,2% des fonds reçus, après 32,2% en 2016, l'intermédiation financière, avec 27,8% des entrées de capitaux, après 19,9% un an plus tôt et les télécommunications, avec 13,6% des ressources financières entrant, après 12,5% l'année d'avant. Ils sont suivis de l'industrie manufacturière avec 8,0% des ressources financières entrant, de l'hôtellerie, avec 5,3% des flux et du transport, avec 4,1% des investissements, après respectivement 20,4%, 3,7% et 3,0% des actifs étrangers reçus en 2016.

Graphique 4: Principaux secteurs d'activité bénéficiaires des IDE en 2017

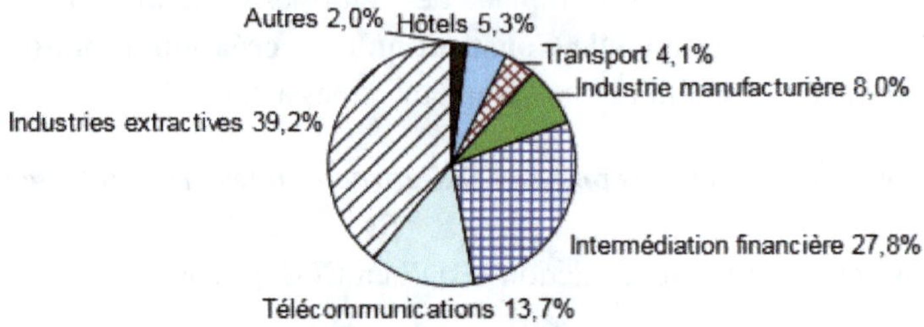

Source: BCEAO (2017)

En 2017, les principaux pourvoyeurs des fonds sont:

- la France, avec 126,5 milliards (22,3% des fonds) investis principalement dans les secteurs de l'industrie manufacturière, de l'hôtellerie, de l'intermédiation financière, du transport et de l'industrie extractive;
- le Canada, avec 96,6 milliards (17,10% des ressources financières) investis majoritairement dans l'industrie extractive;
- le Maroc, avec 96,2 milliards (17,0% des capitaux) investis essentiellement dans le secteur financier et l'industrie manufacturière;
- la Belgique, avec 73,0 milliards (12,9% des fonds) investis dans les télécommunications et la construction;
- les Etats-Unis, avec 64,8 milliards (11,4% des fonds) investis majoritairement dans l'extraction du pétrole;
- les iles Caïman, avec 42,3 milliards (7,5% des placements) investis essentiellement dans l'industrie extractive;
- la Suisse, 34,2 milliards (6,0% des ressources), placés principalement dans le secteur financier;
- les autres pourvoyeurs de fonds totalisent 32,5 milliards, soit 5,8% des ressources financières reçues par la Côte d'Ivoire.

Graphique 5: Classement des pays investisseurs (2017)

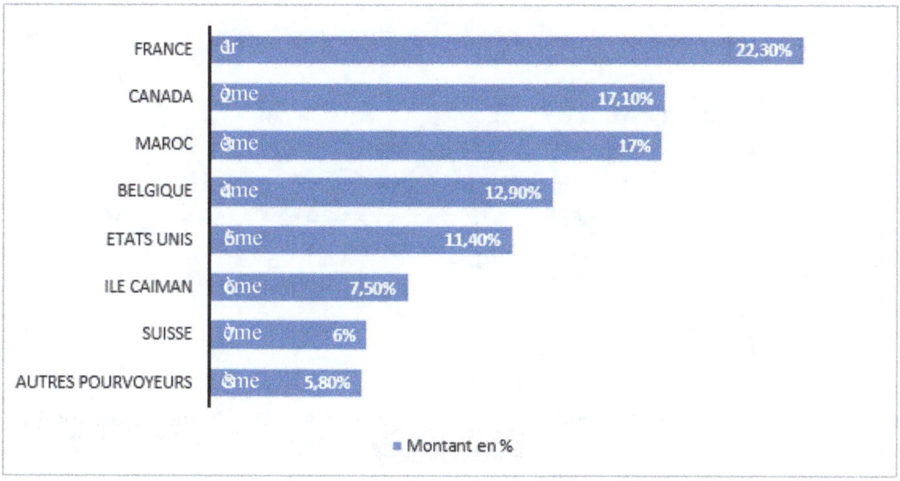

Source: Auteurs, à partir des données de la BCEAO (2017)

Cette forte croissance des IDE vient en tout cas confirmer les résultats obtenus par le pays lors du classement du Doing Business 2017 et de l'indice Mo Ibrahim[3]. Au niveau de l'indice Mo Ibrahim 2017, le pays est passé de la 41e place à la 22e (sur 54 pays africains) traduisant une nette amélioration de la gouvernance publique.

4. L'historique de la croissance économique en Côte d'Ivoire

La Côte d'Ivoire a connu une forte croissance de la prospérité dans les années 1970, cette prospérité ininterrompue et soutenue durant deux décennies a permis à ce pays de mener une politique économique et sociale particulière (Dago.G.J, 2012, p. 49). La croissance a commencé à s'essouffler dans les années 80 suite, entre autres, à la baisse des prix du cacao et du café. Cette situation s'est corrigée dans le courant des années 90 par le biais de restructurations et d'une dévaluation de la monnaie commune, le franc CFA (Voir graphique 6 ci-dessous).

[3] Traduit le niveau de bonne gouvernance d'un Etat

Graphique 6: Evolution du taux de croissance du PIB de 1970 à 1998

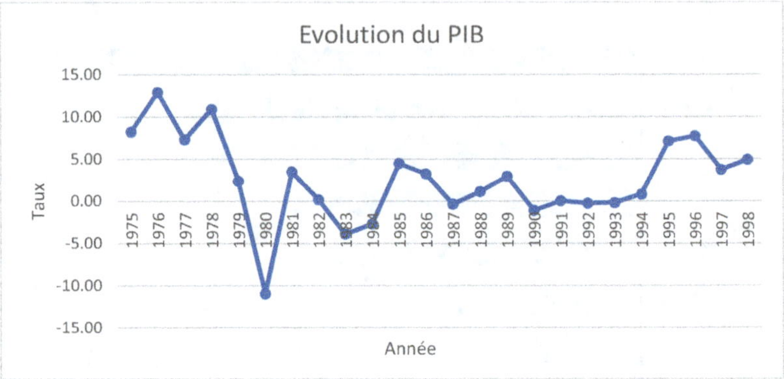

Source: Auteurs, à partir des données de la banque mondiale / World Development Indicators (WDI) 2019

En 1999, un coup d'État militaire a entraîné une aggravation des tensions internes avant de finalement déboucher en 2002 sur une guerre civile. Celle-ci a pris fin cinq années plus tard, avec toutefois des tensions larvées jusqu'en 2011. En effet, cette crise a occasionné un manque de crédibilité de l'Etat ivoirien auprès des bailleurs de fonds (Dago.G.J, 2012, p. 53). Ainsi, la croissance moyenne réelle du PIB au cours de cette période était de -1,9 % par habitant (Voir graphique 7 ci-dessous).

Graphique 7: Evolution du taux de croissance du PIB de 1999 à 2011

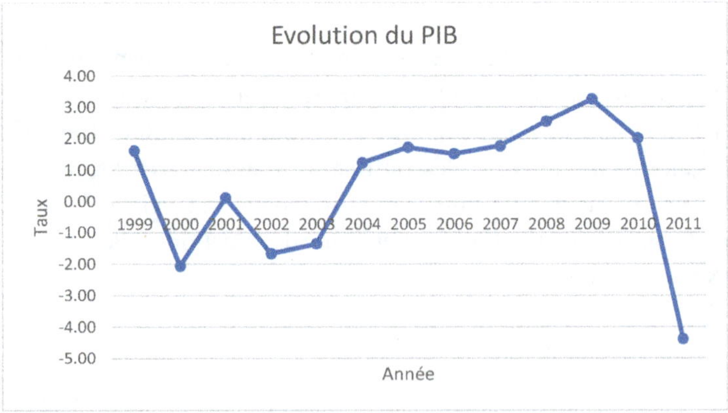

Source: Auteurs, à partir des données de la banque mondiale / World Development Indicators (WDI) 2019

Entre 2012 et 2015, la Côte d'Ivoire a connu une croissance annuelle moyenne du PIB de 9 % et en 2016, le pays figurait parmi le top 5 mondial en matière de croissance rapide grâce à une progression du PIB de 7,5 %. Grâce à ces chiffres de croissance impressionnants, la Côte d'Ivoire devenait en 2016 la 94e économie mondiale avec un PIB de 21 144 milliards de Francs CFA. Les performances réalisées par la Côte d'Ivoire ont été bonnes en 2017. La croissance économique a atteint 7,8% du PIB (Voir graphique 8 ci-dessous). Le FMI annonce déjà une croissance annuelle du PIB aux alentours de 7 % jusqu'en 2020.

Graphique 8: Evolution du taux de croissance du PIB de 2012 à 2017

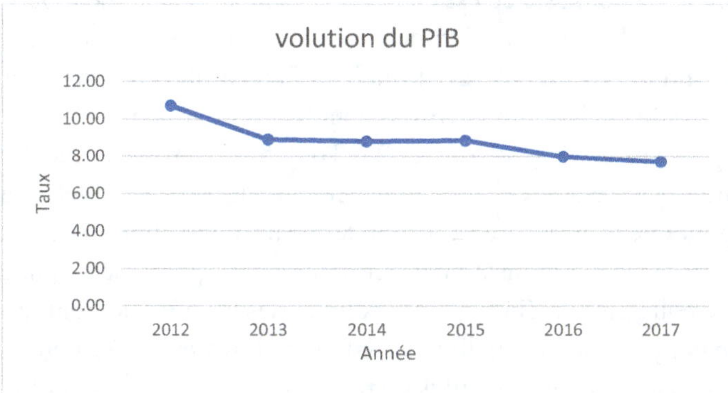

Source: L'auteur à partir des données de la banque mondiale / World Development Indicators (WDI) 2019

5. La contribution de l'IDE à la croissance économique en Côte d'Ivoire

La Côte d'Ivoire a fait d'énormes progrès depuis la sortie de la crise en 2012. Ce succès économique a été grandement entretenue par les importants investissements consentis dans les infrastructures et les secteurs productifs nécessaires à rattraper le retard de la décennie précédente. En 2017, le pays a réussi à attirer près de 400 milliards de FCFA d'IDE, soit une augmentation de 17% par rapport à 2016. Estimé à 9,4 milliards de dollars, le stock total d'IDE représente 25,7% du PIB du pays (CNUCED, 2018). Le Gouvernement, avec son plan national de développement, à l'objectif d'arriver à la barre des 70% en 2020.

Ce plan national de développement devrait favoriser encore davantage l'accélération des transformations structurelles. En effet ce plan prévoit des investissements massifs, en particulier dans l'électricité, le secteur minier et les hydrocarbures, les infrastructures routières, portuaires et aéroportuaires, l'agroalimentaire, la construction de zones industrielles, d'infrastructures de commerce et de tourisme et les NTIC. Comme l'a rappelé la Banque mondiale, l'ouverture de l'économie au secteur privé est décisive à la réussite de la transformation structurelle de l'économie Ivoirienne.

Selon un rapport du FMI (2018), le dynamisme de la productivité depuis 2012 s'essouffle progressivement et pourrait continuer de s'affaiblir si le climat des affaires ne fait pas l'objet de nouvelles améliorations. En effet, une décomposition comptable de la croissance du PIB réel par habitant montre que la contribution du facteur résiduel de la productivité à la croissance est en baisse régulière, notamment parce que l'effet de rattrapage issu de la normalisation politique sur la reprise économique est en train de s'estomper progressivement. Le principal facteur de croissance n'est plus la productivité, mais le capital. Les investissements privés et publics devraient accroître le stock de capital sur la période 2018-2023. Toutefois, l'investissement est limité par la disponibilité des ressources de financement. Il est essentiel d'améliorer la productivité pour que la croissance à moyen terme se maintienne au rythme des années 2012-2017. Même si la modernisation des infrastructures publiques est une mesure non négligeable, de nouvelles améliorations du climat des affaires aideront le secteur privé à tirer pleinement parti de ces meilleures infrastructures et contribueront à réorienter l'économie vers une croissance de plus en plus portée par le secteur privé.

Conclusion de la première partie

La revue de la littérature a permis d'élucider la relation entre les IDE et la croissance économique. En effet, même si la théorie économique stipule que les IDE agissent positivement sur la croissance économique, force est de constater que ce résultat dépend de la nature des IDE et des caractéristiques propres au pays hôte. Quant à la structure et la tendance récente des flux des IDE et de sa contribution à la croissance économique en Côte d'Ivoire. Plusieurs réformes majeures ont été entreprises pour améliorer le climat des affaires et par la suite booster la croissance. Mais la Côte d'Ivoire reste loin pour figurer sur la liste des pays attrayants des IDE.

PARTIE 2

-

MODELE ECONOMETRIQUE

Introduction de la deuxième partie

La littérature économique présente des résultats contradictoires en ce qui concerne la causalité entre l'IDE et la croissance économique. Cette dernière partie traite de l'estimation empirique du lien entre les IDE et la croissance économique dans le cas de la Côte d'Ivoire. Dans ce qui suit, une première section présente la méthodologie de travail, les estimations empiriques et l'interprétation des résultats sont abordées dans une deuxième section.

Chapitre 3. Démarche économétrique

Ce chapitre traite de l'estimation empirique du lien entre les IDE et la croissance économique en Côte d'Ivoire. Nous commençons par spécifier notre modèle. Et en suite nous exposons notre approche méthodologique.

1. Spécification du modèle

Afin d'établir les principaux déterminants de la croissance économique en Côte d'Ivoire, on propose la construction d'un modèle. La spécification du modèle implique la détermination de la variable expliquée et des variables explicatives. Ces variables sont choisies sur la base de la revue de la littérature et des résultats des études antérieures menées sur le même terme.

Ainsi, la variable expliquée est représentée par le taux de croissance du PIB réel par tête et les variables explicatives du modèle sont, les Investissements Directs Etrangers l'ouverture économique, la formation brute de capital fixe et le capital humain (en pourcentage du PIB).

Le point de départ est le modèle standard de la croissance de (Solow.R.M, 1956):

$$\mathbf{Y = f(A, L, K)} \qquad \textbf{(1)}$$

où Y est le PIB réel, A est la productivité totale des facteurs de production, L et K désignent le volume du travail et le stock du capital respectivement.

Il importe de noter que A capte la productivité totale des facteurs lorsqu'on ne prend pas en considération la croissance des deux inputs de production (K et L). Suivant la nouvelle théorie de la croissance endogène, A est déterminé d'une façon endogène par les facteurs économiques. En supposant raisonnablement que la méthode d'estimation des IDE serait consistante durant la période, l'impact des IDE sur la croissance économique peut se matérialiser à travers la productivité totale des facteurs (A) Mansouri (2009). Sur la base de l'hypothèse de (Bhagwati, 1994), il semble aussi raisonnable de supposer que l'impact des IDE sur A dépendrait du régime de politique commerciale mis en place. Dès lors, une variable proxy pour l'ouverture commerciale (TOUV) peut être introduite dans l'équation (Mansouri.B, 2009):

$$\mathbf{A = f(IDE, TOUV)} \qquad \textbf{(2)}$$

En substituant **(2)** dans **(1),** on obtient:

$$\mathbf{PIB = f\,(IDE, TOUV, FBCF, CAHU)} \quad (3)$$

La forme finale de notre modèle économétrique est de type log- linéaire et s'inspire de celui de Mansouri (2009). Il se présente comme suit:

$$\text{Log}(PIB_t) = \alpha_0 + \alpha_1 * \log(IDE_t) + \alpha_2 * \log(TOUV_t) + \alpha_3 * \log(FBCF_t) + \alpha_4 * \log(CAHU_t) + \varepsilon_t \quad (4)$$

Où les αi ($i \in \{0, 1, \ldots, 4\}$) sont des paramètres à estimer, Log est le logarithme naturel, ε est une variable aléatoire (terme d'erreur), et les variables en caractères majuscule sont définis dans la partie consacrée à la description des variables.

1.1. Description des variables

- **Croissance du PIB (% annuel)**

Taux de pourcentage annuel de croissance du PIB aux prix du marché basé sur les devises locales constantes (Banque Mondiale, 2019).

- **L'investissement direct étranger (IDE)**

C'est la somme des fonds propres, des bénéfices réinvestis, des autres capitaux à long terme et des capitaux à court terme comptabilisés dans la balance des paiements. Cette série montre les flux entrants nets (flux nets d'investissement moins les désinvestissements) des investisseurs étrangers dans l'économie déclarante (Banque Mondiale, 2019).

- **Ouverture économique (TOUV)**

Cette variable permet de mesurer la proximité du pays aux marchés internationaux et d'évaluer son degré d'intégration économique et régionale. La série (TOUV) est la somme des exportations et des importations des marchandises en proportion du PIB. Les régimes commerciaux peuvent influencer les retombées des investissements directs étrangers. En effet, le détournement des flux d'IDE vers d'autres destinations peut être une conséquence d'un régime commercial restreint (Abdallah et al. (2001)).

- **Le capital humain (CAHU)**

Le capital humain, prend en compte l'éducation, la formation, la santé, etc. Il est approximé par le taux brut de scolarisation ou les dépenses publiques dans les services sociaux (éducation, formation, santé, etc.). Cependant, le choix des dépenses publiques dans les services sociaux (éducation) comme variable explicative représentant le capital humain se justifie par son influence sur la production globale (Tanzi et al. (1997)).

Les dépenses publiques d'éducation sont les dépenses publiques courantes et en immobilisations au titre de l'éducation et comprennent les dépenses publiques relatives aux établissements d'enseignement (publics et privés) et à l'administration de l'éducation ainsi que les subventions à des entités privées (étudiants/ménages et autres entités privées) Banque Mondiale (2019).

- **Formation brute de capital fixe (FBCF)**

Le stock de capital a été approximé par la valeur de la formation brute de capital fixe (FBCF). Cette variable a été utilisée dans plusieurs études (Barro, 1999; Balasubramanyam et al. 1996; Kahpaiboon, 2004; Mansouri, 2009). La formation brute de capital immobilisé (anciennement appelée investissement intérieur fixe brut) comprend les améliorations des terres (clôtures, fossés, drains, etc.), les usines, la machinerie et les achats d'équipement, la construction de routes, de chemins de fer, etc. y compris les écoles, les bureaux, les hôpitaux, les unités résidentielles privées et les édifices commerciaux et industriels (Banque Mondiale, 2019).

1.2. Collecte des données

Les données collectées sont secondaires et sont tirés de la base de données de la banque mondiale: World Development Indicators (WDI) 2019. Les données disponibles sont exprimées en séries chronologique, en pourcentage du PIB et couvrant la période 1975-2017. Le logiciel utilisé pour l'estimation est Eviews 10.

1.3. Caractéristiques descriptives

Le tableau qui suit présente les principales statistiques des variables retenues dans l'analyse du modèle.

Tableau 1: Statistiques descriptives des variables

	VARIABLES				
	PIB	**IDE**	**TOUV**	**FBCF**	**CAHU**
Moyenne	2,825184	1,278041	31,09535	5,040048	4,907530
Médiane	2,017639	1,232801	30,11806	4,779857	4,412460
Maximum	12,91640	3,542898	40,86138	9,471803	8,231390
Minimum	-10,95770	-2,069713	20,97638	2,823122	3,668680
Ecart type	4,757174	0,963980	5,035975	1,678286	1,195446
Observations	43	43	43	43	43

Source: Auteurs, à partir des données du modèle

Il ressort du tableau ci-haut que le stock d'IDE en Côte d'Ivoire est en moyenne de (1,27) en pourcentage du PIB, observé sur la période de notre étude et varie entre (-2,06) et (3,54) avec un écart-type de (0,94). L'on peut constater également qu'en moyenne, le taux de croissance du PIB est égal à (2,82) avec un écart type de (4,75) et varie entre un minimum de (-10,95) et un maximum de (12,91).

Par ailleurs, l'on observe que le taux d'ouverture économique a une moyenne très élevée (31,09), suivi de la formation brute de capital fixe (5,04) et du capital humain (4,90).

2. Approche méthodologique

2.1. Justification de la méthode économétrique

La plupart des études sur les relations de causalité privilégient la modélisation VAR pour mettre en évidence les relations entre les Investissements Directs Etrangers et la croissance économique. Cependant, la mise en œuvre de cette méthode exige que les séries soient intégrées d'un même ordre. Or, dans la plupart des séries macroéconomiques cette condition n'est pas vérifiée (Anago, 2011). Face à cette insuffisance, Pesaran, Shin et Smith (2001) ont défini l'approche « Autorégressive Distributed Lag (ARDL) », ou « modèles autorégressifs à retards échelonnés ou distribués (ARRE) » en français en prenant en compte les insuffisances du modèle VAR. Cette approche a été utilisée dans de nombreuses études causalité ((Anago,

2011) et (Kibala.K.J, 2018)). Etant donné la nature de nos données et nos hypothèses de travail, nous utiliserons ce modèle dans le cadre de notre travail.

2.2. Le modèle Auto Régressif à Décalage Temporel de Pesaran et al (2001)

Il existe plusieurs techniques économétriques pour tester les relations de long terme entre les séries. Les plus utilisées sont la procédure en deux étapes d'Engle et Granger (1987), l'approche de Johansen (1988) et la méthode de Johansen et Juseluis (1990). La condition nécessaire de mise en œuvre de ces méthodes est que les séries soient toutes intégrées d'ordre 1. Cette exigence suppose alors que l'étude de la stationnarité de ces séries soit effectuée. De plus, l'application des tests de stationnarité sur des échantillons de petite taille conduit à des résultats qui manquent de puissance. Pour pallier cette insuffisance, le modèle ARDL de Pesaran et al (2001) propose au contraire de ces modèles une nouvelle approche permettant d'obtenir de meilleures estimations sur des échantillons de petite taille. De plus, l'approche de cointégration de Pesaran et al est plus générale, elle permet de tester les relations de long terme sur des séries qui ne sont pas intégrées d'un même ordre (I (0) ou I (1)).

2.3. Démarche de la Méthode ARDL

Pour vérifier si les IDE ont un impact positif sur la croissance économique en Côte d'Ivoire, nous allons estimer un modèle ARDL. Ce modèle, qui fait partie de la classe des modèles dynamiques, permet de capter les effets temporels (délai d'ajustement, anticipations, etc.) dans l'explication d'une variable. Ainsi, nous nous proposons d'estimer un modèle ARDL pour la fonction suivante (forme fonctionnelle linéaire):

$$\mathbf{PIB = f\,(IDE, TOUV, FBCF, CAHU)} \qquad \mathbf{(3)}$$

Si l'on se propose de saisir les effets de court terme et ceux de long terme des variables explicatives ci-dessus sur la croissance économique, la représentation ARDL de la fonction (5) sera:

$$\Delta PIBt = a_0 + \sum_{i=1}^{p} \alpha_{1i}\,\Delta PIB_{t-1} + \sum_{i=0}^{q} \alpha_{2i}\,\Delta IDE_{t-1} + \sum_{i=0}^{q} \alpha_{3i}\,\Delta TOUV_{t-1} + \sum_{i=0}^{q} \alpha_{4i}\,\Delta FBCF_{t-1} + \sum_{i=0}^{q} \alpha_{5i}\,\Delta CAHU_{t-1} + b_1\,PIB_t + b_2\,IDE_t + b_3\,TOUV_t + b_4\,FBCF_t + b_5\,CAHU_t + \varepsilon_t \qquad \mathbf{(5)}$$

Avec Δ: opérateur de différence première; a_0: constante; $a_1 \ldots a_2$: effets à court terme; $b_1 \ldots b_2$: dynamique de long terme du modèle; ε: terme d'erreur (bruit blanc).

Comme pour tout modèle dynamique, nous nous servirons des critères d'information (Akaike-AIC, Shwarz-SIC et Hannan-Quin) pour déterminer les décalages optimaux (p,q) du modèle ARDL, par parcimonie. Etant donné que notre étude vise à montrer l'influence de les IDE sur la croissance économique alors, pour tester l'absence de cointégration, Pesaran et al (2001) ont procédé au test suivant:

H_0: $b = 0$ (Absence de cointégration)

Contre l'hypothèse alternative

H_1: $b \neq 0$ (Présence de cointégration) en utilisant les tests de Fisher (ou de Wald) suivant une loi non standard (Anago, 2011).

Pesaran et al ont défini deux valeurs critiques en fonction de l'ordre d'intégration des régresseurs. Ils définissent une limite inférieure qui suppose que les variables sont I(0) et une limite supérieure qui suppose que les variables sont stationnaires en différences premières. Si les F-statistiques calculées se trouvent au-dessus de la valeur critique supérieure, l'hypothèse nulle d'absence de cointégration est rejetée. Si les F-statistiques calculées se trouvent en dessous de la valeur critique inférieure, le test échoue donc à rejeter l'hypothèse nulle traduisant une absence de cointégration. Si les F-statistiques font partie de la bande, l'inférence serait peu concluante

Après la confirmation de l'existence d'un rapport de long terme entre les variables dans le modèle, les modèles de long terme et court terme de notre modèle peuvent être obtenus en utilisant des critères d'information bayésien de Schwarz ou d'Akaike.

Enfin, après avoir mis en évidence le test de cointégration de Pesaran et al utilisé pour déterminer les relations de long terme entre les IDE et la croissance économique, il convient d'examiner les relations de causalité entre ces variables. Le test de causalité que nous adoptons dans notre travail est celui de Toda et Yamamoto.

Chapitre 4. Tests économétriques et interprétations

Ce dernier chapitre présente les résultats et interprétations des tests économétriques relative à la relation IDE et croissance économique en Côte d'Ivoire.

1. Tests économétriques

1.1. Tests de stationnarité

Compte tenu de l'importance pour la spécialisation du modèle, de la propriété de stationnarité et de la présence éventuelle d'une tendance déterministe dans les séries, plusieurs tests existent pour étudier la stationnarité mais la majorité présente des biais. Il est donc nécessaire, en prenant en compte les recommandations de Levine, Lin et Chu cité par Esso (2010) sur les tests de stationnarité, d'en effectuer plusieurs pour confirmer l'ordre d'intégration. Pour notre part, nous effectuerons deux tests de racine unitaire:

- Le test Dickey-Fuller Augmenté ou Augmented Dickey-Fuller (ADF) qui prend en compte la présence d'autocorrélation dans les séries;
- Le test de Phillips-Perron (PP) qui, en plus de la présence d'autocorrélation, prend en compte la dimension d'hétéroscédasticité des séries.

On dit qu'une variable est intégrée d'ordre p si sa différence d'ordre p est stationnaire c'est-à-dire que sa différence d'ordre p est d'accroissement nul.

Les résultats des tests (annexe 2, 3, 4, 5 et 6) pour chaque variable sont présentés dans les tableaux ci-dessous:

Tableau 2: Test de racine unitaire de DICKEY-FULLER-Augmenté (ADF)

Test de racine unitaire de DICKEY-FULLER-Augmenté (ADF)						
Variables	**Stationnarité oui/ non**	**Ordre d'intégration**	**Valeurs des statistiques**	**Valeurs critiques**	**P-value**	**Seuil de confiance**
PIB	Oui	I (0)	-3.9253	-2.9331	0,0041	0,05
IDE	Oui	I (1)	-7.9233	-2.9350	0.0000	0,05
TOUV	Oui	I (1)	-6.0714	-2.9350	0.0000	0,05
FBCF	Oui	I (1)	-6.1595	-2.9350	0,0000	0,05
CAHU	Oui	I (1)	-4.6359	-2.9980	0.0013	0,05

Source: Auteurs, à partir des données du modèle

Tableau 3: Test de racine unitaire de Phillips-Perron (PP)

Test de racine unitaire de Phillips-Perron (PP)						
Variables	**Stationnarité oui/ non**	**Ordre d'intégration**	**Valeurs des statistiques**	**Valeurs critiques**	**P-value**	**Seuil de confiance**
PIB	Oui	I (0)	-3.8086	-2.9331	0.0057	0,05
IDE	Oui	I (1)	-7.9233	-2.9350	0.0000	0,05
TOUV	Oui	I (1)	-6.0735	-2.9350	0.0000	0,05
FBCF	Oui	I (1)	-6.1326	-2.9350	0,0000	0,05
CAHU	Oui	I (1)	-5.7895	-2.9862	0.0001	0,05

Source: Auteurs, à partir des données du modèle

Les tests ADF et PP donnent les mêmes conclusions: les variables IDE, TOUV, FBCF et CAHU sont toutes stationnaires en différence première sans trend ni constante, sauf la variable PIB qui reste stationnaire en niveau. On constate que les séries sont ainsi intégrées à des ordres différents, ce qui rend inefficace le test de Johansen (puisqu'il n'existe pas, une relation de cointégration entre les variables) et rend opportun le test de cointégration aux bornes (Pesaran M.H., 2001).

1.2. Test de cointégration de Pesaran et al. (2001)

Nous avons signalé que le test de cointégration aux bornes de Pesaran et al. (2001) est adapté pour nos séries. Aussi, rappelons qu'il y a deux étapes à suivre pour appliquer le test de cointégration de Pesaran:

- Déterminer le décalage optimal avant tout (AIC);

- Recourir au test de Fisher pour tester la cointégration entre séries.

1.2.1. Décalage optimal et estimation du modèle ARDL

Nous allons nous servir du critère d'information de Schwarz (SIC) pour sélectionner le modèle ARDL optimal, celui qui offre des résultats statistiquement significatifs avec les moins des paramètres. Ci-dessous les résultats d'estimation du modèle ARDL optimal retenu:

Tableau 4: Résultats d'estimation du modèle ARDL optimal

Variable dépendante: PIB				
Variable explicatives	**Coefficients**	**Ecart-type**	**T-Statistique**	**Probabilités**
PIB (-1)	0.288710	0.134927	2.139748	**0.0472***
IDE	1.019461	1.016046	1.003361	0.3298
IDE (-1)	-0.422667	0.762231	-0.554512	0.5865
IDE (-2)	-3.309304	0.651454	-5.079877	**0.0001***
TOUV	-0.253459	0.175321	-1.445688	0.1664
FBCF	-0.818066	0.474205	-1.725132	0.1026
FBCF (-1)	1.853529	0.395848	4.682427	**0.0002***
CAHU	1.655950	0.957984	1.728579	0.1020
CAHU (-1)	-5.133084	0.931682	-5.509483	**0.0000***
C	24.91852	7.152933	3.483678	0.0028
R-carré	0.790757			
R-carré ajusté	0.679981			
F-statistique	7.138343			
Prob(F-statistique)	0.000282			

Source: Auteurs, à partir des données du modèle

Avec (*) significatif à 5%

Graphique 9: Valeurs graphiques SIC

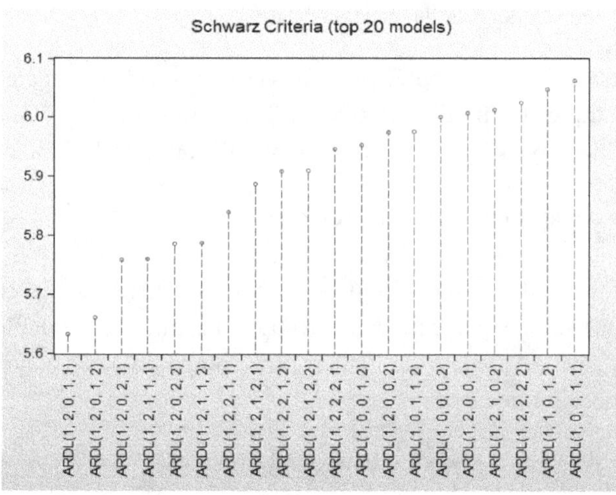

Source: Auteurs, à partir des données du modèle

Comme on peut le voir, le modèle ARDL (1,2,0,1,1) est le plus optimal parmi les 20 autres présentés, car il offre la plus petite valeur du SIC.

Notons que les valeurs indiquées dans le tableau 4, en gras sont significatives. La statistique de Fisher dans le tableau ci-haut est supérieure à celle lue dans la table (soit 1,96) alors le modèle est globalement significatif. On constate que 79,07% de la variation de la croissance économique est expliqué par le modèle.

1.2.2. Tests sur les résidus

La validité du modèle se réfère à divers tests statistiques de spécification pour vérifier si le modèle est congru, c'est à dire qu'il ne peut être mis à défaut. L'on note l'absence d'autocorrélation des erreurs, il n'y a pas d'hétéroscédasticité, il y a normalité des erreurs et le modèle a été bien spécifié (voir Tableau ci-dessous et annexe 7):

Tableau 5: Résultat des tests sur les résidus

Hypothèse du test	Tests	Valeurs (Probabilité)
Autocorrélation	Breusch-Godfrey	0,88 (prob. 0,43)
Hétéroscédasticité	Breusch-Pagan-Godfrey	2,47 (prob. 0,051)
Normalité	Jarque-Bera	0,38 (prob. 0,82)
Spécification	Ramsey (Fisher)	0.004 (prob. 0.94)

Source: Auteur, à partir des données du modèle

L'hypothèse nulle est acceptée pour tous ces tests. Notre modèle est ainsi validé sur le plan statistique. Le modèle ARDL (1,2,0,1,1) estimé est globalement bon et explique à 79,07% la dynamique du PIB en Côte d'Ivoire, de 1975 à 2017.

1.2.3. Test de cointégration aux bornes

Suivant la procédure automatique sur Eviews 10, le test de cointégration de Pesaran et al. (2001) exige que le modèle ARDL soit estimé au préalable. La statistique du test calculée, soit la valeur F de Fisher, sera comparée aux valeurs critiques (qui forment des bornes) comme suit:

- Si Fisher > borne supérieure: cointégration existe

- Si Fisher < borne inférieure: cointégration n'existe pas

- Si borne inférieure < Fisher < borne supérieure: pas de conclusion

Tableau 6: Résultats du test de cointégration de Pesaran et al. (2001)

Variables	PIB, IDE, TOUV, FBCF, CAHU	
F-stat calculée	11.83	
Seuil critique	Borne inférieure	Borne supérieure
1%	3.74	5,06
5%	2,86	4,01
10%	2,45	3,52

Source: Auteurs, à partir des données du modèle

Les résultats du test de cointégration aux bornes confirment l'existence d'une relation de cointégration entre les séries sous étude (la valeur de F-stat est > à celle de la borne supérieure), ce qui donne la possibilité d'estimer les effets de long terme de l'IDE, l'ouverture économique, la FBCF et le capital humain sur la croissance économique. Avant tout, l'on essaye de déterminer la causalité entre variables.

1.2.4. Test de Causalité entre variables

Lorsque les variables non stationnaires ne sont pas cointégrées ou sont intégrées à des ordres différents, le test de causalité de Granger traditionnel devient inefficace. Dans ce cas, l'on recourt au test de causalité au sens de Toda-Yamamoto (1995) qui est basé sur la statistique « W » de Wald, celle-ci est distribuée suivant un khi-deux. L'hypothèse nulle stipule l'absence de causalité entre variables (probabilité > 5%).

Les résultats du test de causalité (annexe 8) sur les variables sous étude apparaissent comme suit:

Tableau 7: Résultat du test de causalité au sens de Granger

Variables Dépendantes	Variables explicatives ou causales				
	PIB	**IDE**	**TOUV**	**FBCF**	**CAHU**
PIB		9,51* (0,00)	6,27* (0,04)	10,56* (0,00)	32,72* (0,00)
IDE	9,91* (0,00)		1,38 (0,49)	5,16** (0,07)	4,47 (0,10)
TOUV	10,25* (0,00)	0,46 (0,79)		0,35 (0,83)	1,10 (0,57)
FBCF	4,74* (0,09)	4,05 (0,13)	17,02* (0,00)		2,07 (0,35)
CAHU	1,07 (0,58)	4,25 (0,11)	0,82 (0,66)	0,34 (0,83)	

Source: Auteurs, à partir des données du modèle

(.): Probabilités (p-value); *: significatif à 5%; **: significatif à 10% et valeurs = statistiques de $\chi 2$

De ce tableau, nous déduisons les causalités suivantes au sens de Toda-Yamamoto:

Une causalité bidirectionnelle entre les variables. Premièrement entre le PIB et l'IDE. Ensuite entre le PIB et l'ouverture économique et enfin entre le PIB et la formation brute de capital fixe.

Par ailleurs, Il ressort de ce tableau, une causalité unidirectionnelle entre les variables. En effet, l'ouverture économique influence significative la FBCF. Ensuite celle-ci cause les entrées des IDE et le capital humain impacte la croissance économique en Côte d'Ivoire.

Le graphique ci-dessous résume les liens de causalité trouvés entre variables:

Graphique 10: Lien de causalité entre les variables

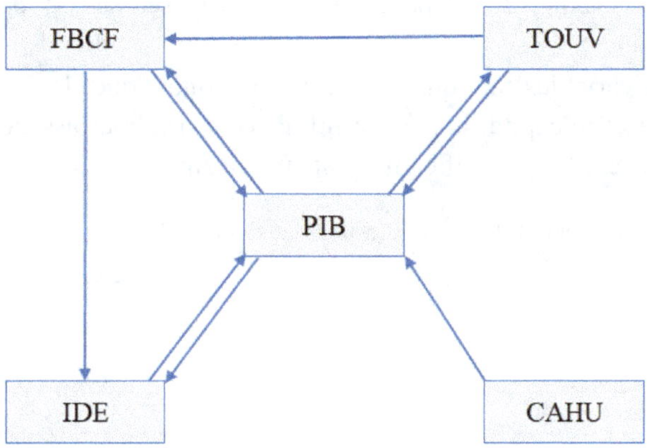

Source: Auteurs, à partir des données du modèle

Ainsi, l'on peut voir que les Investissements Directs Etrangers influencent la croissance économique et que celle-ci impacte les IDE en Côte d'Ivoire. Il y a donc une relation de causalité au sens de Toda Yamamoto entre l'IDE et le PIB.

1.2.5. Coefficients de Long terme et dynamique de court terme

➢ **Coefficients de court terme (CT)**

Comme on peut le lire sur le tableau 8 ci-dessous, le coefficient d'ajustement ou force de rappel est statistiquement significatif, il est négatif et est compris entre zéro et un en valeur absolue, ce qui garantit un mécanisme de correction d'erreur, et donc l'existence d'une relation de long terme (cointégration) entre variables. Aussi, l'on note ce qui suit:

- Les investissements directs étrangers n'ont aucun impact sur la croissance économique à la période courante. Et cela confirme l'étude réalisé par (Dembélé. M, 2008) pour la Côte d'Ivoire. En effet, (Dembélé. M, 2008) à la suite d'une étude ayant portée sur l'impact des investissements directs étrangers sur la croissance économique en Côte d'Ivoire, trouve que l'IDE n'a pas d'influence sur la croissance économique car la statistique de Fisher (-1,39) est inférieure à celle lue dans la table de Fisher (1,96). Mais, ces effets s'inversent plutôt dans le temps: les entrées des IDE d'il y a un an ont une influence significativement positive sur la croissance économique en Côte d'Ivoire. En effet, une augmentation des flux des IDE de 1% du PIB accélère la croissance de 3,30% à CT. Ce résultat est corroboré par les études de (Esso.L.J, 2005) pour la Côte d'Ivoire et (Gakpa, 2019) pour une étude réalisée sur 31 pays de l'Afrique subsaharienne.

- Les autres variables tels que l 'ouverture économique, la formation brute de capital fixe et le capital humain n'influencent pas la croissance économique à court terme, car leurs coefficients restent non significatifs.

Tableau 8: Résultats d'estimation des coefficients de CT

Coefficients cout terme (CT)				
Variable dépendante: PIB				
Variables explicatives	**Coefficients**	**Ecart type**	**T-Statistique**	**Probabilités**
D(IDE)	1.019461	1.016046	1.003361	0.3298
D(IDE (-1))	3.309304	0.651454	5.079877	0.0001*
D(TOUV)	-0.253459	0,175321	-1,445688	0,1664
D(FBCF)	-0,818066	0,474205	-1,725132	0,1026
D(CAHU)	1,65595	0,957984	1,728579	0,102
CointEq (-1)	-0,71129	0,134927	-5,271673	0,0001*

Source: Auteurs, à partir des données du modèle

Avec (*): significatif à 5%

➢ Coefficients de Long terme (LT)

Le tableau 9 ci-dessous nous fournit les coefficients ou élasticités de long terme estimées. Contrairement à court terme, les effets des IDE sur la croissance économique en Côte d'Ivoire sont négatifs à long terme et se montrent plutôt plus que proportionnels: un accroissement des IDE de 1% du PIB diminue le taux de croissance de 3,81% à LT. Un tel changement peut se justifie par l'étude de (Gui-Diby, 2014). En effet, l'auteur trouve que l'IDE a un effet significatif sur la croissance économique en Afrique durant la période 1980 à 2009. Plus spécifiquement, il trouve que si l'effet de l'IDE sur la croissance a été négatif sur la période 1980 à 1994, il apparaît positif de 1980 à 2009.

Par ailleurs, contrairement aux résultats à CT, les autres variables de contrôle affichent des coefficients significatifs à LT, constituant des facteurs de croissance économique, sauf pour l'ouverture économique dont son coefficient reste non significatif à CT comme à LT. Notre modèle estimé indique qu'une augmentation de la formation brute du capital fixe d'un point de pourcentage du PIB induirait à long terme une augmentation du PIB réel par tête de 1,45%. Ce résultat est compatible à celui de (Mansouri.B, 2009) qui a montré que la formation brute de capital fixe a un effet positif sur la croissance économique à LT au Maroc.

Tableau 9: Résultats d'estimation des coefficients de LT

Coefficients long terme (LT)				
Variable dépendante: PIB				
Variables explicatives	**Coefficients**	**Ecart type**	**T-Statistique**	**Probabilités**
IDE	-3.813506	1.740240	-2.191368	0.0426*
TOUV	-0.356337	0.246846	-1.443556	0.1670
FBCF	1.455753	0.635654	2.290165	0.0351*
CAHU	-4.888486	1.608770	-3.038649	0.0074*
C	35.032834	12.786860	2.739753	0.0140*

Source: Auteurs, à partir des données du modèle

Avec (*): significatif à 5%

2. Interprétations des résultats

Le modèle final retenu après avoir éliminé les variables statistiquement non significatives, peut alors s'écrire comme suit:

$$\Delta \mathbf{PIBt} = 35{,}03 + 3{,}3\ \Delta \mathbf{IDE}_{t-1} - 3{,}8\ \mathbf{IDE}_t + 1{,}45\ \mathbf{FBCF}_t - 4{,}88\ \mathbf{CAHU}_t + \varepsilon_t \quad (6)$$

➢ IDE et croissance économique en Côte d'Ivoire: Discussion

Les résultats consignés dans le tableau 5, 6, 7, 8 et 9 découlent d'une estimation à l'aide de la méthode ARDL, qui s'avère efficace pour fournir des informations à court terme qui sont orchestrées par la relation d'équilibre à long terme. Ces résultats sont globalement significatifs et notre modèle est bien valide sur le plan statistique. Dans l'équation 6, l'on peut noter que le logarithme des IDE retardé (IDE_{t-1}) affiche un coefficient positif et est statistiquement significatif au seuil de 5%. En termes d'implications politiques, un tel résultat signifie que l'augmentation des IDE conditionne la croissance économique en Côte d'Ivoire. Mais dans le long terme, les résultats de nos estimations indiquent une contribution négative des IDE à la croissance économique en Côte d'Ivoire et ce malgré la prise en compte de certaines variables clés et mesure politique nécessaire dans le processus de croissance économique en Côte d'Ivoire.

En effet, ce résultat se justifie par le fait que, les capitaux étrangers arrivent en Côte d'Ivoire sous forme de participation au capital social. Ce faisant, le bénéfice réalisé n'est pas réinvesti mais rapatrié en grande partie vers les pays d'origine des investisseurs. Par ailleurs, l'afflux d'IDE n'est pas assez important pour améliorer créer une croissance soutenue parce que le taux de croissance des IDE entrant est trop faible (1,8% en 2017) par rapport au taux de croissance du PIB (soit 7,7% en 2017) voir le graphique 10 ci-dessous:

Graphique 11: Evolution des IDE et du PIB en Côte d'Ivoire

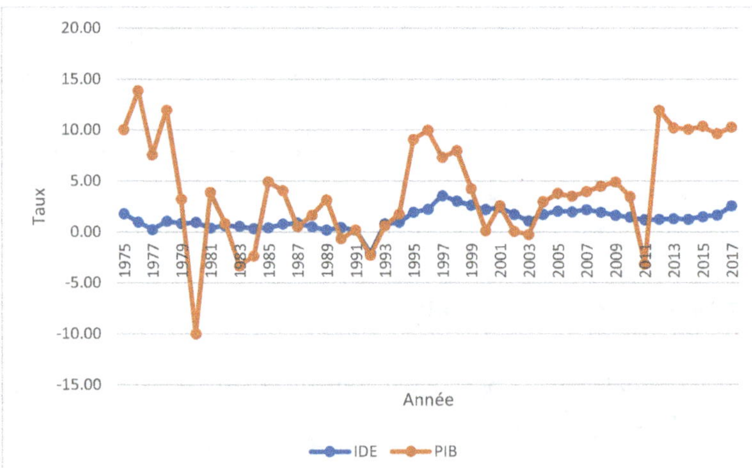

Source: Auteurs, à partir des données de la banque mondiale / World Development Indicators (WDI) 2019

L'on peut observer sur ce graphique que l'IDE et le PIB n'évoluent pas au même rythme. Des insuffisances dans l'orientation des IDE par secteurs d'activité et sur l'espace national portent en partie cet effet négatif. En effet, d'après le gouvernement, ces capitaux ont été investis en grande partie dans les industries extractives avec 39,2% du volume et l'intermédiation financière avec 27,8% en 2017 (BCEAO, 2017). De plus, la croissance économique en Côte d'Ivoire est tirée essentiellement par le secteur primaire notamment le café et le cacao alors que les IDE ne sont pas orientés vers ce secteur. L'IDE est orientée vers le secteur industriel.

Ce résultat peut traduire également des insuffisances dans les choix en matière de stratégie de développement ivoirien basé sur une économie agricole extravertie qui accorde peu d'opportunités à la compétitivité interne. En effet, les matières premières issues du secteur primaire sont exportées à l'état brut et l'industrie n'utilise pas toujours les matières premières produites localement

La croissance économique serait plus forte si les IDE parvenaient à agir positivement sur celle-ci à court terme comme à long terme. Cependant, la Côte d'Ivoire n'a pas pu jusque-là attirer un volume important d'IDE comme c'est le cas des économies émergentes (Brésil, Argentine, Malaisie, Singapour etc.). Penalver, dans un article publié en 2002 a évoqué cet aspect en posant le problème de « volume optimal d'IDE pour une croissance élevé » (Kafando.B, 2011).

➢ **Inefficacité des dépenses publiques d'éducation (capital humain) sur la croissance**

Les résultats à long terme montrent une relation négative entre les dépenses d'éducation et la production. Ce résultat, contredit les travaux de Mansouri (2009), qui montrent une relation positive entre éducation et croissance. Par ailleurs, une telle situation s'analyse facilement avec la thèse de Pritchett. L (2001), qui montre qu'il n'existe pas de relation positive entre l'augmentation du capital humain (éducation) et le taux de croissance du PIB pour les pays en voie de développement (Djamangai.L, 2010). Cela se justifie par plusieurs raisons:

- l'environnement politique et institutionnel, qui lorsqu'il est mauvais peut faire en sorte que l'accumulation du capital humain ne puisse pas influencer considérablement la croissance économique;
- les rendements d'éducation qui peuvent baisser lorsque l'offre de main-d'œuvre éduquée augmente pendant que la demande reste stagnante. Dès lors, on se retrouve avec un problème de dépréciation des compétences acquises susceptible de compromettre la croissance (Djamangai.L, 2010).

En Côte d'Ivoire, les dépenses d'éducation n'influencent pas positivement la croissance. En effet, plusieurs raisons peuvent être évoqués:

- la main-d'œuvre qualifiée est insuffisante pour influencer positivement la croissance économique. En effet, l'économie ivoirienne est basée sur l'agriculture de subsistance qui utilise peu de main-d'œuvre qualifiée (79,7 % de la population active est faiblement instruite dans le secteur de l'agriculture). La population active pratiquant cette agriculture est à 59,3 % analphabète (ENSESI, 2016).
- la concentration des dépenses dans l'éducation primaire et secondaire au détriment de l'enseignement supérieur troublé par les grèves à répétition. En effet, environ 500 milliards et 300 milliards de FCFA sont décaissés respectivement dans l'enseignement primaire et secondaire au détriment de l'enseignement supérieur qui s'élève à environ 200 milliards de FCFA (Republique de Côte d'Ivoire, 2019);
- la disparité des revenus et le niveau relativement bas des salaires, qui provoquent « l'exode du capital humain », autrement dit, la migration des personnels les plus qualifiés. Cette situation constitue à la fois un gain pour les pays receveurs et une perte pour le pays de départ;
- l'inadéquation entre les qualifications (diplômes, expériences etc.) et l'emploi (FAD, 2013). En effet, Les personnes au chômage représentent 43,4% de la main d'œuvre active et parmi ses chômeurs 44,4% ont des diplômes du niveau supérieurs (ENSESI, 2016).

➢ **L'effet positif de la Formation Brute de Capital Fixe (FBCF) sur la croissance économique**

L'on observe une influence positive de la FBCF sur la croissance économique en Côte d'Ivoire. En effet, une augmentation de 1% de la FBCF entraine une augmentation de 2,22% du PIB, cet effet positif est lié à la part importante des investissements environ 900 Milliards FCFA dans la création de la richesse et l'amélioration du niveau de la production (Republique de Côte d'Ivoire, 2019).

➢ **L'ouverture économique et la croissance économique**

L'ouverture économique, quant à elle, affiche un coefficient négatif et statistiquement non significatif à court terme et à long terme. Ce résultat infirme l'hypothèse selon laquelle le degré d'ouverture accroît le bien-être social de la population. Malgré le fait que la balance des biens et services est ressortie excédentaire à 584 672 millions de FCFA, l'on observe une baisse de -8%, par rapport à 2016. En effet, selon la (CNUCED, 2010) l'ouverture économique a exposé les industries locales des pays moins avancés (PMA) à une concurrence à laquelle elles étaient mal préparées. En conséquence, de vastes plans du secteur manufacturier ont disparu ces vingt dernières années en Afrique (Ondoa.A.H, 2013) et au lieu de réduire leurs vulnérabilités structurelles, la libéralisation du commerce les a accentuées. En bref, cette libéralisation était prématurée dans les PMA, vu leur niveau de développement (CNUCED, 2010). De plus, la plupart des pays exportent des matières premières et importent des produits manufacturiers, ce qui sans politique de diversification peut empêcher la transformation structurelle des économies. En effet, la structure de l'offre exportable ivoirienne est fortement tributaire des produits agricoles dont la part ne cesse de progresser (79% des produits primaires sont dominés par ceux issus de l'agriculture industrielle et d'exportation) selon la balance des paiements, (2017).

L'une des causes de ce résultat sont les barrières non tarifaires. En effet, la majorité (71,9%) des entreprises exportatrices ou importatrices en Côte d'Ivoire identifie les barrières non tarifaires comme une contrainte majeure à leurs activités (BNETD-PACIR, 2012).

Conclusion de la deuxième partie

Ce travail de recherche a visé deux objectifs essentiels. Il s'agit premièrement de montrer l'impact des IDE sur la croissance économique. Deuxièmement, de démontrer que les politiques économiques (l'ouverture économique, formation brute de capital fixe et le capital humain) influencent la croissance économique en Côte d'Ivoire.

Après avoir suivi une méthodologie bien définie, les résultats des estimations ont permis de montrer que les IDE ont bien un effet positif sur la croissance économique en Côte d'Ivoire à court terme mais un effet inverse en longue période. De plus les résultats révèlent que seul la FBCF et le capital humain ont une influence significative sur la croissance économique.

Ces résultats révèlent la nécessité d'un potentiel de développement plus poussé et plus maîtrisé qui permet d'agir sur les décisions des investisseurs étrangers et sur l'efficacité des politiques économiques. Malgré les avancées réalisées par le gouvernement ivoirien afin de construire une bonne stratégie d'attractivité, plusieurs réformes pourraient encore être lancées pour maximiser les avantages potentiels des IDE.

CONCLUSION GENERALE ET RECOMMANDATIONS

On peut retenir de ce tour d'horizon, que les travaux multiples sur la relation de causalité entre les IDE et la croissance économique dans les pays d'accueil, aboutissent à des résultats divers selon la période et selon les politiques menées par les pays hôtes et en définitive, sont loin d'être généralisables.

Cette étude a eu pour objectif principal de tester la direction de causalité entre les IDE et la croissance économique sur les données de l'économie Ivoirienne, observées durant la période 1975-2017. Pour ce faire, deux hypothèses ont été formulées: la première hypothèse stipule que les IDE causent la croissance économique tandis que et la deuxième postule que les politiques économiques (l'ouverture économique, formation brute de capital fixe et le capital humain) influencent la croissance économique en Côte d'Ivoire.

La méthodologie utilisée dans notre étude, se base sur le modèle ARDL, qui a l'avantage de capter les effets temporels (délai d'ajustement, anticipations, etc.) dans l'explication d'une variable, ce qui crédibilise la politique économique (prévisions macroéconomiques).

Dans le cadre de notre étude, le modèle ARDL a aidé à saisir les effets des flux d'investissement direct étranger (IDE: variable explicative) sur la croissance économique (PIB: variable dépendante) tenant compte d'autres variables explicatives indispensables, couramment utilisées dans la littérature empirique, dont l'influence améliore les résultats.

En outre, l'étude a montré que les IDE influence positivement la croissance économique à court terme mais un effet inverse en longue période. Notons qu'il existe une causalité bidirectionnelle entre l'IDE et la croissance économique. De plus, les estimations révèlent que ce n'est qu'à long terme que seul le capital humain et la FBCF ont un impact significatif sur la croissance économique en Côte d'Ivoire.

Par ailleurs, au regard des résultats trouvés dans cette étude, nos recommandations sont:

- la croissance économique serait plus forte si les IDE parvenaient à agir aussi bien à CT qu' à LT sur celle-ci. Pour ce faire, le gouvernement doit créer un cadre propice à l'émergence des affaires. En effet, il doit, renforcer la performance de l'administration publique afin qu'elle soit simultanément au service de l'intérêt général et du développement du secteur privé. Ensuite, l'Etat doit faire la promotion des IDE tourner vers le secteur primaire qui est le secteur, le plus dynamique de l'économie Ivoirienne. Enfin, réduire la disparité régionale de la répartition des IDE: les IDE sont inégalement répartis sur le territoire ivoirien. Une forte concentration est présente dans la capitale et certaines régions n'en bénéficient pas;

- pour que la Côte d'Ivoire puisse bénéficier des effets positifs de l'ouverture économique, les transactions commerciales du pays devraient continuer à être orientées vers plus de libéralisation. A ce sujet l'accord de partenariat économique Union européenne-Côte d'Ivoire doit permettre la continuation du commerce international. En plus des accords commerciaux de la Côte d'Ivoire (CEDEAO, UEMOA), le pays envisage le commerce intra-africain, par la mise en place d'un nouvel accord dénommé ZLACaf (zone de libre-échange continentale africaine). Cet accord sera mis en œuvre en juillet 2020. Aussi, L'ouverture extérieure a bien contribué à la croissance économique au Brésil, en Inde et en Malaisie. Ces pays se sont intégrés activement dans le marché mondial grâce à des politiques économiques planifiées (échanges internationaux de produits manufacturier);
- L'Etat devrait continuer à fournir à l'économie les services et infrastructures publiques essentiels (électricité, eau, routes, port, etc.) pour que la FBCF constitue à impacter positivement la croissance. Car selon Mills et Quinet (1992) « les dépenses d'infrastructures sont des dépenses d'avenir » En particulier, il doit renforcer davantage le capital d'infrastructures dans les zones relativement moins pourvues;
- pour qu'il y ait un effet positif du capital humain sur la croissance économique, l'Etat doit augmenter les dépenses publiques d'éducation et de santé afin de renforcer les capacités des ressources humaines dans le but de rechercher une adéquation entre les programmes de formation et le marché du travail. Le but est de limiter la main d'œuvre étrangère au profit de la main d'œuvre locale.

Bibliographie

Abdallah. B; Drine. M. I; Meddeb, R. (2001), « Interaction entre IDE, régime de change, capital humain et croissance dans les pays émergents », Ouverture économique et dévéloppement, *Economica*, Paris, pp. 17-20.

ACE. (2017), « *République de Côte d'Ivoire* », Étude réalisée dans le cadre de la mission économique conjointe présidée par SAR la Princesse Astrid, représentante de sa majesté le Roi, pp. 24-29.

Afrimag. (2019), « *Nouveau code des investissements en Côte d'Ivoire focus sur les principales innovations* », www.afrimag.net consulté le 16/08/2019.

Agence Ecofin. (2017), « *Les 10 pays les plus riches d'Afrique subsaharienne francophone* », www.agenceecofin.com consulté le 01/09/2019.

Anago M. G. (2011), « Consommation d'électricité et croissance économique en Côte d'Ivoire », Ecole nationale supérieure de statistique et d'économie appliquée ENSEA-Abidjan, *Mémoire online,* Rapport de stage, pp 40-49.

Banque Mondiale. (2018), « *Aux portes du paradis* », Groupe de la Banque Mondiale, www.banquemondiale.org consulté le 10/08/2019.

Banque Mondiale. (2018), « *La Banque Mondiale en Côte d'Ivoire* », www.banquemondiale.org consulté le 10/08/2019.

Banque Mondiale. (2018), « *Perspectives économiques de la Côte d'Ivoire: comprendre les défis de l'urbanisation dans les tableaux de hauteur* », www.worldbank.org consulté le 10/08/2019.

Banque Mondiale. (2019), « *Data source de Côte d'Ivoire* », www.worldbank.org consulté le 10/08/2019.

BCEAO. (2015), « *Evolutions des Investissements Directs Etrangers dans les pays de l'UEMOA au cours de la période 2000 à 2011* », www.bceao.int consulté le 19/05/2019.

BCEAO. (2017), « *Balance des paiements et position exterieure globale de la Côte d'Ivoire* », www.bceao.int consulté le 19/05/2019.

Bhagwati J. (1994), « Free Trade: Old and New Challenges » Economic *Journal*, vol. 423, pp. 50-104.

BNP PARIBAS. (2019), « *Côte d'Ivoire: les investissements* » m.tradesolutions.bnpparibas.com consulté le 28/03/2019.

Borensztein. E; De Gregorio. J; Lee. J. W. (1998), « How Does Foreign Direct Investment Affect Growth? », *Journal of International Economics,* Vol. 45, N°1.

Brainard. S. L. (1993), « A Simple Theory of Multinational Corporations and Trade with a Trade-off between Proximity and Concentration », *NBER Working Paper,* N°4269.

Caningan. K. L. (2012), « Investissements directs étrangers et développement durable. Cas de la Côte d'Ivoire », *Mémoire online,* Faculté universitaire privée d'Abidjan (FUPA) - Master II de recherche, www.memoireonline.com consulté le 14/11/2018.

CEPICI. (2012), *« RCI-Decret: Code des investissements de Côte d'Ivoire »* www.cepici.gouv.ci consulté 16/11/2019.

CEPICI. (2015), « *Investissement: l'Afrique est le premier pourvoyeur d'IDE en Côte d'Ivoire* », www.cepici.gouv.ci consulté 16/11/2019.

CEPICI. (2016), « *Amélioration de l'environnement des affaires: ce que vous devez savoir sur les réformes réalisées en 2016* », www.cepici.gouv.ci consulté le 16/11/2019.

Chiha. K; Keddi. A. E. (2013), « Investissement direct étranger et croissance économique (cas: région du Maghreb) », *Revue nouvelle économie*, Université Alger III.

CNUCED. (2010), « *Rapport sur le commerce et dévéloppement* », www.unctad.org consulté 11/01/2019.

CNUCED. (2018), « *Rapport sur l'investissement dans le monde: l'investissement et les nouvelles politiques industrielle* », www.unctad.org consulté 05/08/2019.

Dago. G. J. (2012), « L'investissement direct étranger en Côte d'Ivoire. Economie politique et changement institutionnel », Paris, *L'Harmattan,* pp.17-135

Dago. G. J. (2017), « Investissements Directs Etrangers Français, contraintes institutionnelles et performance de l'économie Ivoiriennes », *Cahier du cires,* N°1

Dembélé. M. (2008), « Impact des investissements directs étrangers sur la croissance économique en Côte d'Ivoire », Mémoire professionnel UFR-SEG /CIRES, pp.42-49.

Djamangai. L. (2010), « Capital humain et croissance au Tchad », *Mémoire online*, DEA/Master NPTCI, pp.12-30.

Doing Business. (2018), « *Reforming to Create Jobs* », Banque Mondiale, www.francais.doingbusiness.org consulté le 30/09/2019.

Doing Bussiness. (2017), « *Egalité de chance pour tous* », Banque Mondiale, www.francais.doingbusiness.org consulté le 30/09/2019.

Dunning. J. H. (1977), « Trade, Location of Economic Activity and MNE: A Search for an Eclectic Approach », *The International Allocation of Economic Activity*, Ohlin, Hesselborn et Wijkman (eds), Macmillan, pp. 395-418.

Engle, R.F. et Granger C.W.J. (1987), « Cointegration and error correction representation: Estimation and testing », *in Econometrica*, vol.55, n°2, pp. 251-276.

ENSESI. (2016), « *Enquête nationale sur la situation de l'emploi et secteur informel (ENSESI 2016)* », www.agenceemploijeunes.ci consulté le 15/08/2019

Esso. L. J. (2005), « Investissements directs étrangers déterminants et influence sur la croissance économique, Politique économique et développement », Cellule d'Analyse de Politiques Économiques du CIRES, N°117

Esso. L. J. (2005), « *Investissements directs étrangers et croissance économique en Côte d'Ivoire* », CAPEC, Lettre de politique économique, N° 92, www.capec-ci.org consulté le 28/11/2018.

Esso. L. J. (2005), « *Les déterminants des investissements directs étrangers entrants de la Côte d'Ivoire* », CAPEC, Lettre de politique économique, N°93, www.capec-ci.org consulté le 28/11/2018.

FAD. (2013), « *Appui à l'amelioration de l'emploiyabilité et de l'insertion des jeunes (PAAEIJ), Côte d'Ivoire* », Departement OSHD, www.afdb.org consulté le 04/12/2019.

FMI. (2009), « *Manuel de la balance des paiements et de la position extérieure globale* », Washington.D.C, N°6, www.imf.org consulté le 12/12/2018.

FMI. (2018), « *Fonds Monétaire Internationnal: Côte D'Ivoire* », Services du FMI, www.imf.org consulté le 04/12/2019

Gakpa L. L. (2019), « Instabilité politique, IDE et effets sur la croissance économique dans les pays d'Afrique subsaharienne: un modèle à équations simultanées dynamiques », *Région et Développement*, N°50, pp. 89-118.

Ghura. D et Goodwin. B. (2000), « Determinants of private Investment: a cross-regional empirical investigation », *Applied Economics, Vol. 32, N°14, pp. 1819-1829*

Gnidokponou. P. V et Houngbeme. J. D. (2010), « Effets des investissements directs étrangers sur la croissance économique au Benin », *Mémoire online*, Université d'Abomey Calavi, Memoire de Maitrise en sciences économiques.

Granger. C. W. J. (1969), « Econometric Models and Cross-spectral Methods », *Econometrica*, Vol. 37.

Gui-Diby. S. (2014), « Impact of foreign direct investments on economic growth in Africa: Evidence from three decades of panel data analyses », *Research in Economics,* Vol. 68, N°3, pp. 64-65.

Helpman. E, Melitz. M. J, et Yeaple. S. R. (2004), « Export versus FDI with Heterogeneous Firms », *American Economic Review*, vol. 94, n°1, 2004, pp. 300-316.

IIAG. (2018), « *Gouvernance Globale* », www.mo.ibrahim.foundation/fr/iiag consulté de 10/18/2019.

Johansen, S. (1988), « Statistical Analysis of Cointegrating Vectors », *in Journal of Economic Dynamic and Control*, Vol.12, pp. 231-254.

Johansen. S. J. (1990), « Maximum likelihood estimation and inferences on cointegration with application to the demand for money », *Oxford Bulletin of economics and statistics,* Vol. 52

Kafando. B. (2011), « Investissement direct étranger et croissance économique au Burkina Faso », *Mémoire online,* Mémoire de recherche, NPTCI / Universite Ouaga III.

Khalfallah.S. (2010), « l'impact des IDE sur la croissance économique dans les pays Maroc, Algerie,Tunisie entre la période 1990-2009 », Université Abou Beker Belkaa d de Tlemcen- Magister en Analyse Economique.

Khoufech. H et Maafa. N. (2017). « L'impact des investissements directs étrangers sur la croissance économique en Algérie (1970-2015) », Université Abderrahmane Mira de Bejaia, Master en science économique option économie appliquée.

Kibala. K. J. (2018), « Modélisation ARDL, Test de cointégration aux bornes et Approche de TodaYamamoto: éléments de théorie et pratiques sur logiciels », Congo-Kinshasa, Centre de Recherches Economiques et Quantitatives (CREQ).

Krugman. P. R et Graham. E. M. (1995), « Foreign Direct Investment in the United States, Institute for International Economics », Washington.

Loungani. P et Razin. A. (2001), « L'IDE est- il bénéfique aux pays en developpement? », Finances et Développement.

Mankiw. G. N; Romer.D et Weil. D. N. (1992), « Une contribution aux empiriques de la croissance économique », *The Quarterly Journal of Economics, Oxford University Press,* Vol. 107, N°2

Mansouri. B. (2009), « Effets des IDE et de l'ouverture commerciale sur la croissance économique au Maroc, Conférence économique africaine, Promouvoir le développement dans une ère de crise financière et économique », Addis-Abeba, Éthiopie, Centre de conférences des Nations Unies, pp. 8-14.

Markusen. J. (1995), « The Boundaries of Multinational Enterprises and the Theory of International Trade », *Journal of Economic Perspective*, vol. 9, n°2, 1995, pp.169-189

Mills, P. et Quinet A. (1992), « Dépenses publiques et croissance », *Revue francaise d'économie,* pp. 15-30.

Mkimer. L. L. (2009), « *Les effets des investissements directs étrangers sur la croissance économiques des pays méditerranéens »,* Université Sud Toulon Var-Master 2 recherche Macroéconomie.

Mokime. (2012), « *Modèle de croissance économique* », Kinshasa, pp. 26-30.

Nguegang. F; Ndeffo. L. N; Ndjieund. G. (2019), « L'effet de l'investissement direct étranger sur la croissance économique en Afrique subsaharienne: le rôle des institutions », *Région et Développement,* N°50.

OCDE. (1999), « *La Côte d'Ivoire peut-elle devenir un pays émergent?* », www.oecd.org consulté le 20/03/2019.

OCDE. (2008), « *Définition de référence des investissements directs internationaux* », Paris, N°4, consulté le 20/03/2019.

OED. (1998), « *Les opportunités offertes par la dévaluation en Côte d'Ivoire* », Banque Mondiale, N°161, consulté le 20/03/2019.

Ondoa. A. H. (2013), « Gouvernance et croissance économique en Afrique », *African development review.*

Perroux. F. (1961), « L'Economie du XXe siècle », Paris, *Presses universitaires de Grenoble,* N°3.

Pesaran M.H., Shin Y. et Smith R.J. (2001), « Bounds Testing Approaches to the Analysis of Level Relationships », *in Journal of Applied Econometrics*, Vol.16, n°3, pp. 289-326 http://dx.doi.org/10.1002/jae.616 consulté le 10/02/2020.

Pritchett. L. (2001), « Where has all the education gone? », *World Bank Economic Review,* Vol. 15, pp. 367-391.

Ministere de l'économie de Côte d'Ivoire (2018), « *Note sur la situation économique en Côte d'Ivoire »,* www.gouv.ci consulté le 04/11/2019.

Gouvernement de Côte d'Ivoire. (2019), « *Loi de finance portant budget de l'Etat »,* www.gouv.ci consulté le 04/11/2019.

Romer. P. (1993), « Idea gaps and Object Gaps in Economic Development », *Journal of Monetary Economics,* vol. 32, n°3, décembre 1993, pp. 543-573.

Sims. C. (1980), *«Macroeconomics and Reality », Econometrica,* N°8.

Solow. R. M. (1956), « A Contribution to the Theory of Economic Growth », *Quarterly Journal of Economics.*

Swan. (1956), « Economic Growth and Capital Accumulation », *Economic Record,* Vol. 32.

Switzerland Global Enterprise. (2018), *« Rapport économique sur la Côte d'Ivoire »* www.s-ge.com consulté le 30/11/2019.

Tanzi, V. et Zee, H. (1997), « Fiscal policy and long run growth », *IMF staff papers,* N°44, pp.179-209.

Thaalbi. I. (2013), « Déterminants et impacts des IDE sur la croissance économique en Tunisie », Economies et finances, Université de Strasbourg, pp. 45-66.

Toda, H.Y. et Yamamoto, T. (1995), « Statistical Inference in Vector Autoregressions with Possibly Integrated Processes »*, in Journal of Econometrics*, Vol. 66, pp. 225-250

Annexe 1: Base de données de l'étude

ANNEE	IDE	PIB	TOUV	FBCF	CAHU
1975	1,773517139	8,252886369	29,63656031	5,739879044	6,785739899
1976	0,96050266	12,91639744	31,40246964	5,841877201	6,462120056
1977	0,233887748	7,314459155	31,22871203	5,292520997	6,138500214
1978	1,054521131	10,90945365	29,41576705	4,334079925	6,753670216
1979	0,817522605	2,394407464	27,3708581	4,789501553	8,231389999
1980	0,93027604	-10,95769727	29,97853071	4,920471121	6,859759808
1981	0,388408915	3,500498907	29,14289017	4,47740149	10,81768719
1982	0,627362769	0,200822352	29,93216789	5,501768242	10,4021891
1983	0,548775763	-3,900240442	28,72838158	5,606786969	9,986691015
1984	0,317778931	-2,701261434	30,70901706	5,411496344	9,571192929
1985	0,417889533	4,501223175	35,44173146	4,607415746	9,155694842
1986	0,77248707	3,259348767	29,53058263	3,568439837	8,740196756
1987	0,867497618	-0,348972909	27,15696058	3,341945216	8,32469867
1988	0,504176768	1,136483964	23,63685723	2,823121772	7,909200583
1989	0,18954636	2,948004945	25,2013582	2,939332721	7,493702497
1990	0,445679822	-1,095908411	23,93975439	4,089023832	7,07820441
1991	0,155403142	0,040925169	22,82078228	3,499711947	6,662706324
1992	-2,06971304	-0,244560612	23,43321727	3,455639319	6,781139851
1993	0,795780797	-0,1924851	20,97637565	3,365508482	6,50304985
1994	0,938097252	0,811206685	28,02049561	5,274437731	4,78869009
1995	1,922539659	7,125744724	30,62231849	5,053178458	4,301449776
1996	2,217443032	7,729327422	30,26549876	4,637339952	4,056230068
1997	3,542898469	3,743553144	30,84760262	4,245850677	4,030889988
1998	3,013107328	4,930679628	30,11806091	3,753085744	3,787940025
1999	2,615216668	1,617527443	30,53736761	3,333096982	4,094329834
2000	2,189989261	-2,068400057	29,71907553	4,354536768	3,70367
2001	2,436261804	0,121371915	29,01034072	3,384820613	3,66868
2002	1,722123017	-1,667642138	31,88649696	3,515807802	4,09033
2003	1,080236263	-1,359535943	29,61793834	3,650727015	3,96799
2004	1,709389786	1,23177284	35,13860604	3,694079809	4,12786
2005	2,042272411	1,721247367	39,68995469	5,54932607	4,10575
2006	1,969861651	1,515842364	40,15811016	8,279924966	4,0015
2007	2,178644623	1,765036784	37,73170134	7,393106476	4,25833
2008	1,925661163	2,542841476	37,71738139	8,453792066	4,34126
2009	1,631267084	3,251453719	37,66245343	5,95511994	4,41246
2010	1,439124162	2,017638592	38,69677298	6,960814203	4,55346
2011	1,188172175	-4,387254788	38,12799	9,471802603	4,13755
2012	1,232800624	10,7065041	40,86138061	9,056716134	4,65411
2013	1,303332493	8,889421302	39,2333915	7,23514131	4,729
2014	1,242401253	8,79407739	34,16109143	6,17522542	4,57743

2015	1,246951103	8,84285995	32,08766247	4,779857494	4,82988
2016	1,636058549	7,971751186	27,31111909	5,590169737	5,39423
2017	1,806223793	7,702089422	28,19443411	3,318173533	5,14353

Source: L'auteur à partir des données de la banque mondiale / World Development Indicators (WDI) 2017.

Annexe 2: Test de stationnarité sur IDE

En niveau- ADF (non stationnaire)

Null Hypothesis: IDE has a unit root
Exogenous: Constant
Lag Length: 0 (Automatic - based on SIC, maxlag=9)

		t-Statistic	Prob.*
Augmented Dickey-Fuller test statistic		-2.446286	0.1358
Test critical values:	1% level	-3.596616	
	5% level	-2.933158	
	10% level	-2.604867	

*MacKinnon (1996) one-sided p-values.

En différence 1ère - ADF (Stationnaire)

Null Hypothesis: D(IDE) has a unit root
Exogenous: Constant
Lag Length: 0 (Automatic - based on SIC, maxlag=9)

		t-Statistic	Prob.*
Augmented Dickey-Fuller test statistic		-7.923352	0.0000
Test critical values:	1% level	-3.600987	
	5% level	-2.935001	
	10% level	-2.605836	

*MacKinnon (1996) one-sided p-values.

Null Hypothesis: D(IDE) has a unit root
Exogenous: Constant
Bandwidth: 0 (Newey-West automatic) using Bartlett kernel

		Adj. t-Stat	Prob.*
Phillips-Perron test statistic		-7.923352	0.0000
Test critical values:	1% level	-3.600987	
	5% level	-2.935001	
	10% level	-2.605836	

*MacKinnon (1996) one-sided p-values.

Annexe 3: Test de stationnarité sur PIB

En niveau – ADF (stationnaire)

Null Hypothesis: PIB has a unit root
Exogenous: Constant
Lag Length: 0 (Automatic - based on SIC, maxlag=9)

		t-Statistic	Prob.*
Augmented Dickey-Fuller test statistic		-3.925369	0.0041
Test critical values:	1% level	-3.596616	
	5% level	-2.933158	
	10% level	-2.604867	

*MacKinnon (1996) one-sided p-values.

En niveau- PP (stationnaire)

Null Hypothesis: PIB has a unit root
Exogenous: Constant
Bandwidth: 2 (Newey-West automatic) using Bartlett kernel

		Adj. t-Stat	Prob.*
Phillips-Perron test statistic		-3.808678	0.0057
Test critical values:	1% level	-3.596616	
	5% level	-2.933158	
	10% level	-2.604867	

*MacKinnon (1996) one-sided p-values.

Annexe 4: Test de stationnarité sur TOUV

En niveau- ADF (non stationnaire)

Null Hypothesis: TOUV has a unit root
Exogenous: Constant
Lag Length: 0 (Automatic - based on SIC, maxlag=9)

		t-Statistic	Prob.*
Augmented Dickey-Fuller test statistic		-1.726152	0.4111
Test critical values:	1% level	-3.596616	
	5% level	-2.933158	
	10% level	-2.604867	

*MacKinnon (1996) one-sided p-values.

En différence 1ère - ADF (stationnaire)

Null Hypothesis: D(TOUV) has a unit root
Exogenous: Constant
Lag Length: 0 (Automatic - based on SIC, maxlag=9)

		t-Statistic	Prob.*
Augmented Dickey-Fuller test statistic		-6.071445	0.0000
Test critical values:	1% level	-3.600987	
	5% level	-2.935001	
	10% level	-2.605836	

*MacKinnon (1996) one-sided p-values.

En différence 1ère - PP (stationnaire)

Null Hypothesis: D(TOUV) has a unit root
Exogenous: Constant
Bandwidth: 2 (Newey-West automatic) using Bartlett kernel

		Adj. t-Stat	Prob.*
Phillips-Perron test statistic		-6.073578	0.0000
Test critical values:	1% level	-3.600987	
	5% level	-2.935001	
	10% level	-2.605836	

*MacKinnon (1996) one-sided p-values.

Annexe 5: Test de stationnarité sur FBCF

En niveau - ADF (non stationnaire)

Null Hypothesis: FBCF has a unit root
Exogenous: Constant
Lag Length: 0 (Automatic - based on SIC, maxlag=9)

		t-Statistic	Prob.*
Augmented Dickey-Fuller test statistic		-2.121091	0.2377
Test critical values:	1% level	-3.596616	
	5% level	-2.933158	
	10% level	-2.604867	

*MacKinnon (1996) one-sided p-values.

En différence 1ère- ADF (stationnaire) (stationnaire)

Null Hypothesis: D(FBCF) has a unit root
Exogenous: Constant
Lag Length: 0 (Automatic - based on SIC, maxlag=9)

		t-Statistic	Prob.*
Augmented Dickey-Fuller test statistic		-6.159510	0.0000
Test critical values:	1% level	-3.600987	
	5% level	-2.935001	
	10% level	-2.605836	

*MacKinnon (1996) one-sided p-values.

En différence 1ère - PP

Null Hypothesis: D(FBCF) has a unit root
Exogenous: Constant
Bandwidth: 4 (Newey-West automatic) using Bartlett kernel

		Adj. t-Stat	Prob.*
Phillips-Perron test statistic		-6.132671	0.0000
Test critical values:	1% level	-3.600987	
	5% level	-2.935001	
	10% level	-2.605836	

*MacKinnon (1996) one-sided p-values.

Residual variance (no correction)	1.255297
HAC corrected variance (Bartlett kernel)	1.042534

Annexe 6: Test de stationnarité sur CAHU

En niveau - ADF (non stationnaire)

Null Hypothesis: CAHU has a unit root
Exogenous: Constant
Lag Length: 2 (Automatic - based on SIC, maxlag=7)

		t-Statistic	Prob.*
Augmented Dickey-Fuller test statistic		-1.350141	0.5881
Test critical values:	1% level	-3.752946	
	5% level	-2.998064	
	10% level	-2.638752	

*MacKinnon (1996) one-sided p-values.

En différence 1ère- ADF (stationnaire)

Null Hypothesis: D(CAHU) has a unit root
Exogenous: Constant
Lag Length: 1 (Automatic - based on SIC, maxlag=7)

		t-Statistic	Prob.*
Augmented Dickey-Fuller test statistic		-4.635962	0.0013
Test critical values:	1% level	-3.752946	
	5% level	-2.998064	
	10% level	-2.638752	

*MacKinnon (1996) one-sided p-values.

En différence 1ère - PP (stationnaire)

Null Hypothesis: D(CAHU) has a unit root
Exogenous: Constant
Bandwidth: 2 (Newey-West automatic) using Bartlett kernel

		Adj. t-Stat	Prob.*
Phillips-Perron test statistic		-5.789587	0.0001
Test critical values:	1% level	-3.724070	
	5% level	-2.986225	
	10% level	-2.632604	

*MacKinnon (1996) one-sided p-values.

Annexe 7: Tests de robustesse du modèle ARDL estimé

- **Normalité**

Les séries étudiées suivent une loi normale au seuil de 5 % car JB = 0,38 < 5, 99, ou de manière équivalente Prob = 0,82 > 0,05.

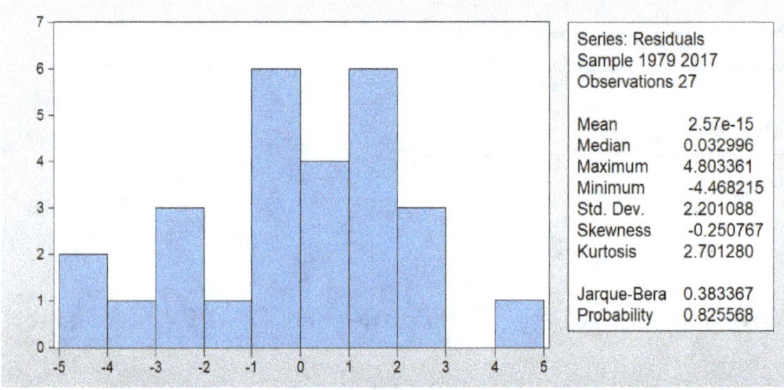

- **Autocorrélation**

Les erreurs sont indépendantes parce que la Prob = 0,43 > 5%

Breusch-Godfrey Serial Correlation LM Test:

F-statistic	0.889147	Prob. F(2,15)	0.4316
Obs*R-squared	2.861669	Prob. Chi-Square(2)	0.2391

Test Equation:
Dependent Variable: RESID
Method: ARDL
Date: 02/08/20 Time: 17:51
Sample: 1979 2017
Included observations: 27
No d.f. adjustment for standard errors & covariance
Presample and interior missing value lagged residuals set to zero.

Variable	Coefficient	Std. Error	t-Statistic	Prob.
PIB(-1)	0.147812	0.157336	0.939463	0.3624
IDE	0.020536	1.019199	0.020149	0.9842
IDE(-1)	-0.443161	0.770976	-0.574805	0.5739
IDE(-2)	0.152519	0.622011	0.245202	0.8096
TOUV	0.042086	0.175694	0.239544	0.8139
FBCF	-0.113345	0.478412	-0.236920	0.8159
FBCF(-1)	-0.012830	0.376192	-0.034106	0.9732
CAHU	-0.505118	0.950030	-0.531687	0.6027
CAHU(-1)	0.208253	0.889078	0.234235	0.8180
C	0.600252	6.833329	0.087842	0.9312
RESID(-1)	-0.389353	0.260571	-1.494231	0.1559
RESID(-2)	0.066939	0.237205	0.282199	0.7816

R-squared	0.105988	Mean dependent var	2.57E-15
Adjusted R-squared	-0.549621	S.D. dependent var	2.201088
S.E. of regression	2.739998	Akaike info criterion	5.154894
Sum squared resid	112.6138	Schwarz criterion	5.730821
Log likelihood	-57.59106	Hannan-Quinn criter.	5.326147
F-statistic	0.161663	Durbin-Watson stat	2.048914
Prob(F-statistic)	0.997889		

Hétéroscédasticité

Test d'hétéroscédasticité de Breusch-Pagan-Godfrey au seuil de 5 %. Les erreurs du modèle sont homoscédastiques car Prob = 0,051 > 0,05.

Heteroskedasticity Test: Breusch-Pagan-Godfrey

F-statistic	2.477971	Prob. F(9,17)	0.0512
Obs*R-squared	15.32113	Prob. Chi-Square(9)	0.0825
Scaled explained SS	5.166625	Prob. Chi-Square(9)	0.8195

Test Equation:
Dependent Variable: RESID^2
Method: Least Squares
Date: 02/08/20 Time: 18:04
Sample: 1979 2017
Included observations: 27
No d.f. adjustment for standard errors & covariance

Variable	Coefficient	Std. Error	t-Statistic	Prob.
C	1.831996	13.25357	0.138227	0.8917
PIB(-1)	-0.898763	0.250004	-3.594991	0.0022
IDE	3.002356	1.882617	1.594777	0.1292
IDE(-1)	1.192525	1.412328	0.844369	0.4102
IDE(-2)	-0.978689	1.207070	-0.810798	0.4287
TOUV	-0.587544	0.324849	-1.808668	0.0882
FBCF	1.378477	0.878648	1.568861	0.1351
FBCF(-1)	1.915073	0.733461	2.611008	0.0183
CAHU	3.904366	1.775035	2.199600	0.0420
CAHU(-1)	-3.531522	1.726300	-2.045717	0.0566

R-squared	0.567449	Mean dependent var	4.665353
Adjusted R-squared	0.338452	S.D. dependent var	6.201084
S.E. of regression	5.043690	Akaike info criterion	6.352270
Sum squared resid	432.4598	Schwarz criterion	6.832210
Log likelihood	-75.75565	Hannan-Quinn criter.	6.494981
F-statistic	2.477971	Durbin-Watson stat	2.570554
Prob(F-statistic)	0.051201		

Test de spécification

La probabilité associée au test de Ramsay est 0,94 > 0,05

Ramsey RESET Test
Equation: UNTITLED
Specification: PIB PIB(-1) IDE IDE(-1) IDE(-2) TOUV FBCF FBCF(-1) CAHU CAHU(-1) C
Omitted Variables: Squares of fitted values

	Value	df	Probability
t-statistic	0.067330	16	0.9472
F-statistic	0.004533	(1, 16)	0.9472

F-test summary:

	Sum of Sq.	df	Mean Squares
Test SSR	0.035680	1	0.035680
Restricted SSR	125.9645	17	7.409678
Unrestricted SSR	125.9288	16	7.870552

Annexe 8: Test de causalité au sens de Toda-Yamamoto

VAR Granger Causality/Block Exogeneity Wald Tests
Date: 02/08/20 Time: 18:21
Sample: 1975 2017
Included observations: 25

Dependent variable: PIB

Excluded	Chi-sq	df	Prob.
IDE	9.517241	2	0.0086
TOUV	6.271691	2	0.0435
FBCF	10.56778	2	0.0051
CAHU	32.72840	2	0.0000
All	45.14018	8	0.0000

Dependent variable: IDE

Excluded	Chi-sq	df	Prob.
PIB	9.913337	2	0.0070
TOUV	1.389119	2	0.4993
FBCF	5.168986	2	0.0754
CAHU	4.474488	2	0.1068
All	16.26795	8	0.0387

Dependent variable: TOUV

Excluded	Chi-sq	df	Prob.
PIB	10.25000	2	0.0059
IDE	0.468608	2	0.7911
FBCF	0.358142	2	0.8360
CAHU	1.104723	2	0.5756
All	16.47002	8	0.0361

Dependent variable: FBCF

Excluded	Chi-sq	df	Prob.
PIB	4.749577	2	0.0930
IDE	4.055065	2	0.1317
TOUV	17.02410	2	0.0002
CAHU	2.074750	2	0.3544
All	27.24426	8	0.0006

Dependent variable: CAHU

Excluded	Chi-sq	df	Prob.
PIB	1.076242	2	0.5838
IDE	4.254321	2	0.1192
TOUV	0.826801	2	0.6614
FBCF	0.349875	2	0.8395
All	12.33222	8	0.1370

Annexe 9: Liste des abréviations

ACE	Agence pour le Commerce Extérieur
ADF	Augmented Dickey-Fuller
AIC	Akaike information criterion
ARDL	AutoRegressive Distributed Lag
BCEAO	Banque Centrale des Etats de l'Afrique de l'Ouest
CEDEAO	Communauté des Etats de l'Afrique de l'Ouest
CEPICI	Centre de Promotion des Investissements en Côte d'Ivoire
CNUCED	Conférence des Nations Unis pour le Commerce et le Développement
FAD	Fonds Africain de Développement
FCFA	Francs de la Communauté Française d'Afrique
FMI	Fond Monétaire International
IDE	Investissement Direct Etranger
IIAG	Ibrahim index of African Governance
NTIC	Nouvelle Technologie de l'Information et de la Communication
OCDE	Organisation de Coopération et Développement Economiques
OED	Operations Evaluation Department
OLI	Ownership, Localisation and Internalisation
PAS	Programme d'Ajustement Structurel
PIB	Produit Intérieur Brut
PP	Phillips Perron
SARL	Société A Responsabilité Limitée
SCS	Société en Commandite Simple
SEG	Sciences Economiques et de Gestion
SNC	Société en Nom Collectif
TVA	Taxe sur Valeur Ajoutée
UEMOA	Union Economique et Monétaire Ouest Africaine
UFR	Unité de Formation et de Recherche
UJLOG	Université Jean Lorougnon Guédé
VAR	Vectorielle Auto Régressive
WDI	World Development Indicators

www.ingramcontent.com/pod-product-compliance
Lightning Source LLC
LaVergne TN
LVHW050945051026
849532LV00005B/1706